VERLAG Textwerkstatt

DRUCK Druckerei Ebikon AG

HERSTELLUNG Lukas Zemp, Druckerei Ebikon AG

FOTO UMSCHLAG Patrick Lüthy, www.imagopress.com

KORREKTORAT Sam Bieri, korrektiv@bluewin.ch

1. Auflage 2008
ISBN: 978-3-9523245-9-2

Dieses Buch wurde in der Schweiz hergestellt.

Ruedi Josuran, Thomas Knapp, Rolf Heim u.a., Seele am Abgrund

www.verlag-textwerkstatt.ch

Seele am Abgrund

Burn-out und Depressionen

Ratgeber für Angehörige, Freunde und Arbeitskollegen

Ruedi Josuran

Thomas Knapp

Rolf Heim

u.a.

verlag | textwerkstatt

Vielen Dank für die Unterstützung

Swiss Prevention Center, Nottwil
Das Präventionszentrum der Schweiz

Ruedi Josuran
Gespräche mit Angehörigen und Betroffenen 6

Thomas Knapp
Die Krallen des Raubvogels 70

Rolf Heim
Ratgeber für Angehörige 104

Rolf Heim
Ratgeber für Personalfachleute 122

Renate
Und ich stand nur daneben 136

Interview mit Helen
«Es gab Tage, da funktionierte ich nur
noch wie auf Knopfdruck» 142

Die Autoren 148

Marc «Cuco» Dietrich, Börnaut-Bluus 150

RUEDI JOSURAN

GESPRÄCHE MIT ANGEHÖRIGEN UND BETROFFENEN

In meinen Gesprächen mit depressiven Menschen und ihren Angehörigen werden jeweils Ängste, Selbstzweifel und Hoffnungslosigkeit spürbar. Ich höre mir die Geschichten der Menschen an. Es sind Schicksale, die nachdenklich stimmen. Vieles, das ich zu hören bekomme, kenne ich auch aus eigener Erfahrung. Wer unter einer Depression leidet, spürt die Überforderung seines nahen Umfeldes. Auch Partnerin oder Partner leiden mit. Familien werden auf eine harte Probe gestellt.

Für dieses Buch habe ich einige meiner Gespräche nachgezeichnet (alle Namen geändert). Ich versuche, die Schwächen der Menschen «aufzudecken», damit sie von Aussenstehenden verstanden werden. Es darf nicht sein, dass jemand, der an einer Depression oder an einem Burn-out leidet, ausgegrenzt wird. Denn darunter leiden nicht nur die Betroffenen selber, sondern auch Angehörige, Freunde und selbst Arbeitskollegen.

Es gibt ein Leben nach der Depression

Burn-out trifft nicht nur Manager und Pflegepersonal, es ist in allen Berufen heimisch. Wie ist es aber mit Frauen, die im Haushalt tätig sind? Frauen haben oft eine Doppel- oder Mehrfachbelastung. Kinder, Haushalt, Beruf und Partner – alles sollen sie auf die Reihe kriegen. Im Haushalt soll alles perfekt funktionieren. Der Mann will über seine Probleme im Job sprechen. Die Kinder sollen in der Schule gut sein, vielleicht gibt es auch eine Teilleistungsschwäche, die zusätzliche Betreuung braucht. Ganz zu schweigen von der Alleinerzieherin. Vor ihrer Leistung ziehe ich den Hut.

Auch bei Ida (39) hatte die Burn-out-Symptomatik mit Erschöpfung, Schwäche, Gleichgültigkeit und Krankheitsanfälligkeit zugeschlagen. Drei Seiten lang war ihr handgeschriebener Brief. «Ich weiss nicht, was mit mir los ist. Aber mir fehlt einfach die Kraft, im Haushalt wenigstens das Nötigste zu machen. Die Kinder nerven mich. Der Mann stresst mich, weil er mich dauernd kritisiert. Der Kontakt zu Freundinnen und Verwandten ist fast abgebrochen. Wenn ich am Morgen aufstehen sollte, kommt es mir vor, als wäre ich mit Gewichten an die Matratze gefesselt. Ich kann mich an nichts mehr richtig freuen. Ab aufs Sofa, und den restlichen Abend wegschlafen.» Sie, die frühere Handball-Kreisläuferin, konnte sich schon seit Monaten kaum mehr aufraffen – so müde und erschlagen war sie. Doch wie viel Schlaf sie ihrem Körper auch gab, es stellte sich kein Erholungseffekt ein.

Im ersten Gespräch machte ich ihr und ihrem einfühlsamen Mann klar: «Hier ist nicht jemand einfach faul oder willensschwach. Es geht um Krankheit und um die geeignete Behandlung.» Trotz liebevoller Zuwendung musste ihr Mann hilflos mitansehen, wie seine Frau immer weiter abbaute. Wie sie, die sonst immer auf andere eingehen konnte und sich mit dem Kontakt zu anderen Menschen leicht tat, keinen Zugang mehr zu sich und ihrer Umgebung finden konnte. Auch das ist meine Erfahrung: Feinfühlige Menschen können leichter psychische Probleme im Sinne von Burn-out bekommen. Sie haben oft hohe, zu hohe Selbstansprüche – und scheitern immer wieder daran. Was die Menschen immer wieder von sich selber beschreiben: «Ich kann das nicht liegen lassen, bevor ich nicht wirklich das Gefühl habe, es sei perfekt.» Das Bedürfnis, die Dinge unter Kontrolle zu haben, alles selber zu machen, ganz schwer etwas abzugeben oder nicht rechtzeitig um Hilfe zu bitten und es allen recht machen zu wollen.

Der Einbruch einer psychischen Erkrankung verunsichert und ängstigt alle im Umkreis Lebenden zutiefst. Ein bis dahin «berechenbar» gewesener, vertrauter Mensch verändert sich plötzlich oder schleichend, die Kommunikation gelingt nicht mehr. Doch wer selbst verunsichert ist, kann einem Verunsicherten nicht helfen und gerät in Gefahr, in das Chaos der Orientierungslosigkeit hineingezogen zu werden.

Wenn das Denken, das Verhalten und oft die gesamte Persönlichkeit eines geliebten Menschen fremd werden, ist das mit schweren Enttäuschungen im Beziehungsleben und vor allem mit dem Verlust einer gewohnten «Normalität» verbunden. Der eigene Schmerz darüber macht das Wahrhaben-Können der Erkrankung schwer, und der Wunsch, dass alles wieder so werden möge wie vorher, führt oft zu selbstloser Aufopferung, Übernahme übermässiger Verantwortung und dadurch aber auch zur Verstärkung der Hilflosigkeit des Erkrankten. In der Depression geht es vor allem darum, da zu sein und dazubleiben. Es geht darum, einfach zusammen mit der Betroffenen Person diese Phase durchzustehen. Ohne Wenn und Aber und ohne kluge Ratschläge. Die liebevolle Aufmerksamkeit tut gut, auch wenn er oder sie es nicht zeigen kann. Verlassen Sie den Raum, wenn der andere allein sein möchte, aber bleiben Sie möglichst in der Wohnung – also verfügbar und ansprechbar, ohne sich aufzudrängen. Eine fundamentale Angst depressiver Menschen ist es, verlassen zu werden. Sie denken, dass sie nicht liebenswert sind, und durch die Depression verschärft sich ihre Angst enorm.

Hören Sie auf, zu sagen, dass Sie verstehen, was Ihr Partner durchmacht; das können Sie nämlich nicht. Sagen Sie lieber etwas wie: «Ich weiss nicht genau, wie du dich fühlst, aber ich gebe mir grosse Mühe, dich zu verstehen und dir zu helfen.» Bei Ida und Gianluca war es nicht anders als bei vielen anderen: Frustrierend war die Tatsache, dass man zwar mit guter Absicht herangeht, der Erkrankte sich aber schnell kritisiert und bevormundet fühlt, was ihn verunsichert und noch tiefer in die Depression stossen kann.

Ida fand Hilfe in einer Fachklinik. Ich kümmerte mich umso intensiver um ihren Mann. Angehörige brauchen Raum, Zeit und verständnisvolle Begleitung, damit sie ihre eigenen Gefühle wie Trauer, Hoffnungslosigkeit, Schuldgefühle, aber vor allem auch Wut und Zorn wieder wahrnehmen können. Ich machte ihm Mut: «Sorgen Sie dafür, dass Sie sich jeden Tag selbst etwas Gutes tun. Mit einem depressiven Menschen zusammen zu sein, kostet viel Kraft, also denken Sie auch an sich selbst. Tun Sie das nicht, wird Ihnen bald der Sprit ausgehen. Gönnen Sie sich eine Auszeit, gehen Sie zu einem Fussballspiel, ins Kino oder treffen Sie sich mit Freunden.»

Beide sind heute in der Rückschau der Meinung, dass die Depressionsphase sie mit dem eigenen Ich vertraut gemacht hat. Ihre Beziehung hat an Qualität gewonnen. Weil sich beide besser kennen. Mit den hellen und den dunklen Seiten. Sie haben gelernt, damit einen Umgang zu finden. Und dass es ein Leben nach der Depression gibt.

Hören Sie auf, zu sagen, dass Sie verstehen, was Ihr Partner durchmacht; das können Sie nämlich nicht.

Wenn die Fassade einbricht

Ehepartner, Kinder, Eltern, Arbeitskollegen, Vorgesetzte. Sie alle können bei einem Burn-out oder einer Depression mit in den Abwärtsstrudel der Hoffnungslosigkeit geraten. Manche erleben es so stark, dass sie am Ende selbst behandlungsbedürftig sind. Diese Krankheiten sind Beziehungskrankheiten. Erschwerend kommen die widersprüchlichen Signale der Betroffenen und das Fehlen gemeinsamer Erklärungsbilder. Ohnmachtsgefühle, Resignation und Hilflosigkeit sind die Folgen.

Dieser «Erklärungsnotstand» stand auch am Anfang eines Anrufs aus dem Stuttgarter Raum. Der Schock sass tief nach der Diagnosemitteilung des Facharztes. Der Betroffene, Malermeister Jan (34), war grossen emotionalen Wechselbädern ausgesetzt. Jan gehörte zu den Männern, die auch in einer solchen Situation ihr Gesicht um jeden Preis wahren wollen. Seine Sprache war meist leise, monoton, langsam, kraftlos. Tägliche Anforderungen konnte er kaum noch allein bewältigen. Sein Radius von Aktivitäten war immer stärker eingeschränkt. Seinen Freunden habe er anfangs zu vermitteln versucht, wie er sich fühlt, doch hätten sie ihn nicht verstehen können, sie hätten nur gesagt: «Mach dir ein schönes Wochenende, geh mal schön essen, dann wirds wieder.» Er habe versucht, sich in einem Urlaub zu Hause zu erholen, das habe jedoch nicht funktioniert, auch übers Wochenende habe er sich nicht erholen können. Seine Wohnung habe er immer weniger verlassen können, erzählte er mir weiter. Er wolle sich die qualvolle Frage nach seinem Befinden – «Wie geht es, was machst du so?» – ersparen.

Aus eigenem Erleben konnte ich nachfühlen. Er hätte sonst Rechenschaft ablegen müssen über sein Leben, das aus den Fugen geraten war. Über den Riss in seiner Maske. Wie viele

Männer glaubte auch Jan, dass es ihm die männliche Rolle verbiete, in eine persönliche Krisensituation zu geraten und diese auch offen einzugestehen. Hilfesuche bedeutet vor dem Hintergrund traditioneller Maskulinität Statusverlust und Identitätsbeschädigung. Sie impliziert Inkompetenz, Abhängigkeit sowie die Aufgabe von Autonomie und Selbstkontrolle. Bereits das Wahrnehmen von Hilfsbedürftigkeit erscheint somit als Bedrohung männlicher Identität. Den Wunsch nach Unterstützung oder das Bedürfnis, sich mitzuteilen, betrachten sie als Zeichen von Schwäche, mit der Folge, dass sie letztlich ein Doppelleben führen, bei dem der verletzte Teil immer im Verborgenen bleibt.

Die traditionelle männliche Geschlechtsrolle, charakterisiert durch Leistungs- und Erfolgsorientierung vor allem in der Berufsrolle, erfordert die Bewältigung von Gefahren, Bedrohungen und Schwierigkeiten, ohne dass damit verbundene Ängste und Probleme wahrgenommen bzw. zugegeben werden dürfen. Hilfesuche ist in diesem Gedankenmuster nicht vorgesehen, da sie als «unmännlich» gilt.

Statt Hilfe zu suchen, wird bedrohte Männlichkeit (über)kompensiert mit rollenkompatiblen, aber (selbst)destruktiven Strategien: Alkoholmissbrauch, Gewalt, Suizid. Die Depression zeigt uns unsere Grenzen auf und bewahrt uns gleichzeitig davor, diese Grenzen zu verletzen, über unsere Kräfte zu leben. Depression ist eine Art Schutzfunktion, sie zwingt uns innezuhalten. Der Analytiker Carl Gustav Jung riet: «Die Depression ist gleich einer Dame in Schwarz. Tritt sie auf, so weise sie nicht weg, sondern bitte sie als Gast zu Tisch und höre, was sie zu sagen hat.»

Um hören zu können, was die «Dame in Schwarz» zu sagen hat, braucht ein depressiver Mensch sicherlich Mut: Er muss bereit sein, sich der Wahrheit zu stellen. Er muss die von ihm errichtete Fassade einreissen und sich eingestehen, dass er mit seinen bisherigen Lösungsversuchen gescheitert ist. Es geht aber auch um die eigene Masslosigkeit. Um die masslosen Selbstansprüche. Depression kommt mir vor wie ein Hilfeschrei der Seele. Nicht immer perfekt sein müssen, nicht immer cool sein müssen, nicht immer gut drauf sein müssen. Gegen das Ideal, dass es die anderen Gefühle gar nicht geben darf. Für das Recht, sich selber sein zu können. Mit allem, was dazugehört.

«Die Depression ist gleich einer Dame in Schwarz. Tritt sie auf, so weise sie nicht weg, sondern bitte sie als Gast zu Tisch und höre, was sie zu sagen hat.»

Sex auf Sparflamme

Stress im Beruf, Monotonie, sinnlose Streitereien, es gibt viele Gründe, warum es im Bett nicht mehr so richtig läuft. Durch ein Burn-out oder eine Depression kann man auch das Interesse am Sex verlieren. Wenn das Gehirn auf Sparflamme läuft, kann das die Lust stark dämpfen. Bei Männern können Erektionsprobleme auftreten, während Frauen Schwierigkeiten haben, zum Höhepunkt zu kommen. Der Verlust der Lust ist ein Warnsignal des Körpers: Er funkt SOS, weil er überlastet ist. Für viele beginnt damit ein Teufelskreis: Weil kein Sex mehr stattfindet, entsteht wieder neuer Stress – weil man den eigenen Erwartungen nicht gerecht wird. In gewissen Depressionsphasen zieht man sich sozial zurück, will niemanden sehen, mit keinem reden und mag auch keine körperliche Nähe. Man will nicht mehr angefasst werden, man will den anderen nicht mehr anfassen. Auch hat man keine Kraft, dem Partner das alles zu erklären.

Heinz (51), Radiomoderator, schrieb mir eine lange E-Mail. Wir hatten uns seit Jahren nicht mehr gesehen. Gegen aussen war er immer perfekt. Einer, der die Vorgaben immer erfüllte und meistens noch über sie hinausging. Der Moderations-Chef war verblüfft, als Heinz ihm sagen musste: «Es geht gar nichts mehr.» Es war ja immer alles gegangen. Dann aber wurde Heinz eingeholt: Schlafstörungen, Panikattacken, Herz- und Magenbeschwerden. Antriebslosigkeit, depressiv, dann der Zusammenbruch. Nach einem Ärztemarathon schliesslich der Gang in eine spezialisierte Burn-out-Klinik. Dort besuchte ich ihn. Er wirkte etwas ausgebremst. Das Sprechen fiel ihm, dem geübten Alleinunterhalter, aber immer noch relativ leicht: «Mit dem Sex ist es so eine Sache: Erektion ist ein Fremdwort geworden. Mein Verlangen nach Sex ist deutlich reduziert. Innerlich tobt ein Kampf in mir. Es ist so, wie wenn ein inneres Gefühl wäre: ‹Jetzt müsstest du aber mal wieder.› Aber der

Körper spielt absolut nicht mit. Ein paarmal hatte ich mit meiner Frau zwar so etwas wie Sex. Das war aber eher Schwerarbeit. Beim Vorspiel hat es bestimmt eine Stunde gedauert, bis ich steif wurde. Und danach nochmals so lang, um zu einer minimalen Ejakulation zu kommen.» Eine generelle Unlust dominierte sein Leben.

Im persönlichen Gespräch tauchte der Begriff «Leistungsdruck» immer häufiger auf. Auch er gehörte zu denen, die sich durch die Menge der Veröffentlichungen und Statistiken über Beischlaf- und Orgasmushäufigkeit einem Leistungsdruck ausgesetzt fühlen, der den unbefangenen Genuss von Sexualität und Zärtlichkeit beeinträchtigt. Er wollte einer Statistik oder angeblichen Norm lieber entsprechen als den eigenen Gefühlen. Diese erlebte er seit längerer Zeit wie gefiltert durch einen Wattebausch. Es gab nichts mehr, über das er sich richtig freuen oder ärgern konnte. Mit Auswirkungen auch auf seine Arbeit. «Seit ich einen neuen Chef habe, wird mir ein Kompetenzbereich nach dem anderen entzogen. Das kränkt und demütigt mich. Erst hat es mich wütend gemacht, mittlerweile deprimiert. Da hat es mit der Lustlosigkeit angefangen. Seither ziehe ich mich zunehmend von meiner Frau zurück.» Die ersten Warnsignale hatte er verdrängt. Er hatte sich in einen Zustand hineingetrieben, in dem er sich nur noch durch Alkohol oder andere Suchtmittel über Wasser halten konnte. Dahinter war die Angst, dass es die Umwelt als Schwäche auslegen würde, wenn er nicht mehr so energiegeladen wäre. Sich einzugestehen, dass es nicht so ist, ist oft schmerzlich.

Hier in der Klinik begann er mit einer medikamentösen Behandlung. Trotz erster Erfolge deutete er die Einnahme eines Antidepressivums aber als zusätzliche Niederlage, nicht als Hilfe. Männer hassen das Gefühl, nicht zu genügen oder eine Situation nicht im Griff zu haben. Dann reagieren sie in der Regel paradox. Je weniger sie es im Griff haben, desto mehr markieren sie den Starken. Wo sich Frauen Hilfe von aussen suchen, vergrössern Männer ihr Leiden nur. «Je mehr ich meine Gefühle unterdrücke, desto männlicher bin ich», lautet immer noch die Devise vieler Männer. Hilfe anzunehmen, bedeutet, anzuerkennen, sich selbst nicht mehr helfen zu können. Im traditionellen Männerbild existiert diese Option nicht. Durch das «Entpanzern» lernte Heinz, dass Sex nichts zu tun hat mit Leistung, jedoch mit Konzentration auf körperliche Empfindungen. Als Männer sind wir oft penisfokussiert, konzentrieren unsere Aufmerksamkeit einseitig dorthin. Diese neue Sensibilität bereicherte seine gesamte körperliche Präsenz; er wurde empfindsamer seiner Frau gegenüber. Auf diese Art konnte er immer mehr seine Sexualität und seine Identität aus dem Korsett der Leistung befreien.

*Der Verlust der Lust ist ein
Warnsignal des Körpers:
Er funkt SOS, weil er überlastet ist.*

Karrierebruch und Umorientierung

Die «soziale Distanz», die schiefen Blicke der Arbeitskollegen, ihr Tuscheln hinter seinem Rücken («Er bringts wohl nicht mehr») hatten sich längst auf seine Lebensqualität und die seiner Familie ausgewirkt. Toni (56), Bankdirektor, Bereichsleiter Immobilienkreditgeschäft, fühlte sich nur noch als Bremsklotz, der endlich gehen und den Weg freimachen sollte für die jüngeren Kolleginnen und Kollegen. Er hatte Angst vor dem Totalabsturz. Gesundheit im Eimer, Verlust seiner Kaderstellung, keinen Dienstwagen mehr, keine Sekretärin, wieder alles selber organisieren, den Alltag selbst strukturieren. Der Job und seine Position waren die einzigen Identitätsanker. Keine Freundschaften ausserhalb des Büros, keine Hobbys, die gepflegt worden waren. Was sollte vom Selbstwertgefühl übrig bleiben, wenn alle Statussymbole sich in Luft aufgelöst haben? Lang, zu lang hatte er an der Illusion festgehalten, er sei unersetzlich. An mich hatte er vor allem Fragen. Was bleibt von mir übrig? Bleibt meine Partnerin bei mir? Ertrage ich die Leere? Was ist, wenn meine Partnerin vor mir stirbt? Werde ich im Alter einsam sein? Ist das Leben überhaupt noch lebenswert?

Statt nachzudenken, verfallen depressive Menschen ins Grübeln. Statt Gefühle zuzulassen, die helfen, schwierige Dinge im Leben zu verarbeiten, fühlen sie immer weniger. Die Augen strahlen nicht mehr, das Gesicht wirkt oft versteinert. Statt sich zu erholen, ermüden Depressive immer mehr. Statt nach Lösungen zu suchen, verstricken sie sich in Schuldvorwürfen, negativen Gedanken und einem Meer der Hoffnungslosigkeit. Das zu Beginn vorhandene Mitleid und Verständnis für den depressiven Partner führt bei den Angehörigen mit der Zeit zu Erschöpfung und vermehrtem Rückzug. Der Depressive wird dadurch noch mehr isoliert, was die Krankheit weiter verstärkt. «Erholung» findet man am Abend nur mehr beim Glas Rotwein oder dem Zappen vor dem Fernseher. Die Wochenenden sind voller Arbeit und reichen nicht mehr aus, um die erforderliche Erholung zu ermöglichen. Die Energiebilanz ist ständig im Minus. Das ursprünglich nur zeitweilige Gefühl der Hilflosigkeit hat sich schliesslich zu einem chronischen Gefühl der Hoffnungslosigkeit und Desillusionierung verdichtet. Das Leben verliert mehr und mehr seinen Sinn. Ein Gefühl des völligen Versagens füllt den Menschen aus. Die Seele erstarrt, ja es entwickelt sich ein regelrechter Widerwillen gegen sich selbst.

Allgemein gilt die Regel: Je weiter der Burn-out-Prozess vorangeschritten ist, desto mehr Aufwand bedeutet es, ihn wieder umzukehren. Einmal in Gang gesetzt, entwickelt die Burn-out-Spirale eine immer stärkere Eigendynamik, die zu durchbrechen immer mehr Kraft erfordert. Dabei wäre das Eingeständnis der eigenen Hilflosigkeit bereits der erste Schritt raus aus der Spirale: Denn jetzt werden erstmals die überzogenen Zielsetzungen und Ansprüche an sich selbst in Frage gestellt. Damit wird der Burn-out-Spirale ein wichtiges Element ihrer Dynamik entzogen. Im Kern des Begleitungsprozesses zeigte sich später, dass es für Toni von zentraler Bedeutung war, sich mit sich selbst auszusöhnen und damit auch mit allem, was er erlitten hatte. Irgendwann den Schmerz und die noch vorhandene Wut zuzulassen, um aus der Opferrolle heraustreten zu können. Erstmals konnten auch Tränen fliessen. Selbstversöhnung geschieht nicht von heute auf morgen. Sie bedeutet, zu allem, was mich ausmacht, Ja zu sagen. Auch zu meinen Schwächen und zu meinen empfindlichen Stellen. Auch zu den Dingen die meinem Selbstbild widersprechen und nicht in das Idealbild passen.

Der Job und seine Position waren Tonis einzige Identitätsanker.

Die Leere in meinem Bett

«Das Bett neben mir ist schon länger leer. Jedenfalls kommt es mir so vor…» So beginnt der Brief einer seit 16 Jahren verheirateten Frau aus dem Raum Frankfurt am Main. Ein Burnout oder eine Depression stellt jede Partnerschaft auf eine harte Probe. Die meisten haben keine Erfahrung mit dieser für sie zumindest am Anfang unbegreifbaren Erkrankung und verwechseln die Depression mit einer Verlust- oder Trauerreaktion. Dadurch wird die Behandlung der Krankheit hinausgezögert, und erst nach einiger Zeit, wenn sich neben der Traurigkeit auch andere Anzeichen der Erkrankung bemerkbar machen, wird erwogen, einen Arzt aufzusuchen.

Besonders kompliziert wird diese Situation dann, wenn Betroffene auf die liebevolle Zuwendung der Angehörigen nicht reagieren. Die Angehörigen sind irritiert, weil sie das in sich zurückgezogene Verhalten des Depressiven als «Schlag ins Gesicht» interpretieren. So entsteht eine Verärgerung, die den Depressiven zwangsläufig noch tiefer in den Rückzug treibt. Die Angehörigen sollten wissen, dass der Kranke unter seiner Unfähigkeit, Gefühle auszudrücken, selbst am meisten leidet. Falsch wäre es, den Depressiven aufzufordern, sich zusammenzureissen. Solche Ermahnungen würden seine Verzweiflung nur noch verstärken. Der Depressive ist nicht unwillig, er ist krankheitsbedingt unfähig. Gut gemeint, wird oft auch eine weitere Karte aus dem Rezepte-Ärmel gezaubert. Man versucht es mit einem ganzen «Unterhaltungsprogramm auf mehreren Kanälen». Mit solchen Massnahmen kann ein Mensch, der ja die Fähigkeit verloren hat, sich zu freuen, nichts anfangen. Im Gegenteil: Es wird ihn noch mehr ins Loch reissen und in Schuldgefühle stürzen.

Olga (32) wusste nicht mehr, was sie tun sollte. Sie hatte Angst um ihren Freund. Bevor sie mich kontaktierte, hatte sie bereits Hunderte von Seiten im Internet durchstöbert. Sie schrieb: «Ich finde einfach keine Lösung. Freunde hat er auch keine. Im Geschäftsalltag spielt er seine Rolle perfekt. Da hat er Angst vor einem Imageverlust. Seine Familie brauche ich nicht anrufen, weil die alle zu sehr mit sich selbst beschäftigt sind. Und ich selbst bin keine richtige Ansprechpartnerin, ich bin selber mit allem überfordert. Ratschläge bekomme ich zwar von allen Seiten. Wirklich einlassen will sich aber niemand.»

Ich schrieb ihr: «Gönnen Sie sich Entlastung und holen Sie sich Hilfe. Das Wichtigste ist, dass Sie sonst einfach da sind. Wissen Sie, Ratschläge wirken auf mich manchmal wie Schläge. Ein Ratschlag wird erst sinnvoll, wenn man ihn aus sich heraus übernehmen kann. Einfach da sein, Zeit haben, abhören. Bei einer Depression ist es wirklich abhören, weil immer wieder das Gleiche kommt. Versuchen Sie, Ihr eigenes Leben so weiterzuleben wie zuvor. Sie helfen ihm mehr, wenn Sie gesund bleiben.»

Der gesunde Partner stellt meiner Erfahrung nach seine eigenen Bedürfnisse oft zu stark zurück und ist chronisch überfordert. Das bestätigte mir Olga in einer späteren E-Mail: «Was mir am meisten zu schaffen macht, ist, dass ich nie wissen kann, was mich erwartet und wie ich mich verhalten soll. Ich würde ihm so gern helfen, aus diesem Loch zu kommen, und merke, wie ich aufpassen muss, um nicht selbst reinzufallen.»

Später sprach ich mit ihrem Mann, Franco (41). «Ich verstehe selbst nicht, was da in mir vorgeht. Ich kann meinen Gefühlen nicht trauen. Irgendwie sind sie auf ein Minimum reduziert. Ich bin unsicher, kann wirkliche Nähe nicht zulassen, weil mich dann echt die Panik ergreift. Es ist irgendwie so, als wäre man in sich gefangen. Wenn ich Feierabend habe, will ich nur noch nach Hause auf die Couch und meine Ruhe haben. Normale Dinge des Alltags, wie Einkaufen oder Behördengänge, sind zu einer Last geworden. Plötzlich habe ich Angst, unter Leute zu gehen.»

Als Angehöriger muss man begreifen, dass depressiv sein in erster Linie eine Lähmung der Willenskraft bedeutet. *Ich kann nicht wollen!* heisst das ausgezeichnete Buch der Psychiaterin Brigitte Woggon. Deswegen sind auch alle Appelle an den Willen des Kranken und wohlmeinende Ratschläge von vornherein zum Scheitern verurteilt, weil sie auf etwas abzielen, was dem Depressiven verloren gegangen ist. Es ist eine ständige Gratwanderung zwischen dem Wunsch zu helfen, aufzumuntern und einem geduldigen Warten. Das oft unverständliche Handeln ist weder eine Böswilligkeit noch eine Provokation. Es ist Ausdruck einer Krankheit.

Franco konnte nach einer halbjährigen Therapie, mit Unterstützung von Medikamenten, verschüttete Facetten in sich selbst entdecken. Er konnte auch erstmals richtig Nähe zu seiner Partnerin zulassen. Früher war bei ihm mit dem Wunsch nach Intimität auch die Angst verbunden, sich für einen Menschen zu öffnen. Die Angst, verletzt oder enttäuscht zu werden. Er hatte Schutzmechanismen entwickelt, um nicht enttäuscht oder verletzt zu werden. Olga schrieb mir: «Diese Krankheit hat meinen Mann sehr verändert, er ist sensibler geworden und ist nicht mehr so verbohrt. Denn nun weiss er, dass man im Leben auch mal Hilfe annehmen muss. Heute liebe ich ihn umso mehr.»

Der gesunde Partner stellt seine eigenen Bedürfnisse oft zu stark zurück und ist chronisch überfordert.

Guerillakrieg am Arbeitsplatz

Der Arbeitsplatz ist oft auch Schauplatz eines Guerillakriegs. Geprägt von Einzelkämpfern, der Ellenbogengesellschaft, einer Unzahl von Ich-AGs. Unter Mobbing wird jede missbräuchliche Handlung (Gesten, Worte, Verhalten usw.) verstanden, die dadurch, dass sie wiederholt oder systematisch ausgeübt wird, die Würde oder die psychische oder körperliche Integrität einer Person verletzt, deren Arbeitsplatz gefährdet oder das Arbeitsklima verschlechtert. Mobbing bezeichnet den Druck, der von einer Gruppe oder einem einzelnen Arbeitnehmer auf eines ihrer Mitglieder ausgeübt wird, zu sozialem Stigma und schlussendlich zum Ausschluss aus dem Arbeitsleben führt. Häufig beginnt Mobbing, ohne dass man es merkt. Die Schuldfrage ist meist nicht eindeutig zu klären. Die Prozesse sind komplex; Mobber und Gemobbter – die Rollenverteilung zwischen Täter und Opfer ist nicht immer eindeutig. Das Betriebsklima kann Mobbing wesentlich begünstigen. Wenn Kompetenzen nicht klar verteilt sind oder die Kommunikation nicht richtig funktioniert, keimen Konflikte schnell auf. Fehlende Konfliktkultur und ein unfähiger Chef tun das ihrige dazu. Besonders heikel wird es, wenn um Stellen gerangelt wird: Wenn etwa ein Stellenabbau bevorsteht oder mehrere Leute gleichzeitig eine schmale Karriereleiter emporklettern wollen. Dann ist jeder sich selbst der Nächste, und manch einer greift zu unfairen Mitteln.

Wer wie ich Menschen in Mobbingsituationen begleitet hat, weiss, wie nachhaltig die Gefühle von Angst, Versagen und Ausgrenzung sein können. Andauernde Schikane und mangelnde Wertschätzung erzeugen einen chronischen Stress, der sich zum ohnehin vorhandenen «alltäglichen» Stress hinzugesellt. Die Kombination von beidem kann fatal sein.

Auch Myrtha (42), Krankenschwester auf einer Intensivstation, hatte solche unerbittlichen Grabenkämpfe zuvor noch nie erlebt. Der Psychoterror hatte seit Antreten ihrer neuen Stelle viele Gesichter: Ständige Kritik an der Arbeit, Drohungen, Kontaktverweigerung, Ignorieren, Verbreitung von Gerüchten. Diese Handlungen schmälerten ihr Selbstvertrauen, sie verlor zunehmend ihre Kommunikations- und Konfliktfähigkeit.

Laufende Projekte wurden ihr entzogen. Die neue Oberschwester grüsste sie nicht mehr. Wenn Myrtha eine Aussprache wünschte, verschwand sie in ihr Büro. «Sie müssen sich bei meiner Assistentin einen Termin holen», rief sie ihr noch zu, bevor sich die Tür schloss. Aber Termine gab es für sie nie.

Ihre E-Mail klang verzweifelt: «Ich möchte am liebsten in der Versenkung verschwinden und eine Pause einlegen und dann wieder auftauchen, und alles wäre gut. Meine Nerven liegen blank, ich bin überreizt, schlafe nicht mehr richtig, esse kaum noch, habe die Arbeit 24 Stunden bei mir und kann mich auch an den freien Tagen nicht mehr erholen. Schon beim Denken an die Arbeit liege ich hellwach im Bett.»

Psychosomatische Symptome wie Schwindelattacken liessen nicht lang auf sich warten. Sie geriet, wie so viele andere auch, in einen Teufelskreis von Wut, Depressivität und Hilflosigkeit. Unabhängig davon, was sie unternahm, alles wurde ihr negativ ausgelegt. Nach monatelangen Sticheleien, Anfeindungen und unhaltbaren Verdächtigungen seitens ihrer Vorgesetzten war sie mit ihren Kräften am Ende. Ich riet ihr zu einem Arztbesuch. Die Folgen des schweren Mobbings: ein mehrwöchiger Klinikaufenthalt, monatelange Therapie und eine fast einjährige Arbeitsunfähigkeit. Gemeinsam stellten wir fest, dass die Situation nicht zu ändern war. Sich zurückziehen bedeutet in gewissen Fällen weder nachgeben oder klein beigeben, noch besiegt zu sein. Es bedeutet, den Mut aufbringen, einen neuen Anfang zu wagen und so zu seiner Gesundheit beizutragen.

In der Begleitung ging es immer mehr um die noch aufgewühlten Gefühle. Zum Prozess gehörte, dass sie sich allen Gefühlen stellte, die hochkamen. Wut, Schmerz, Traurigkeit, Ohnmacht. Sie schaute die Kränkungen an, liess den Schmerz zu. Sie konnte immer besser auch ihre noch vorhandene Wut auf alle Beteiligten verbalisieren und niederschreiben. Ohne sich selbst eine Zensur aufzuerlegen.

Viele halten zu lange an den erlebten Verletzungen fest. Auch von Verletzungen muss man sich irgendwann verabschieden, um frei zu werden für einen neuen, eigenen Weg. Ich vergleiche es oft mit dem Häuten einer Zwiebel. Eine Haut nach der anderen löst sich ab und dringe zu meinem wahren Wesenskern vor.

*Mobber und Gemobbter –
die Rollenverteilung zwischen Täter und
Opfer ist nicht immer eindeutig.*

Seelischer Daueralarm
Es gibt Krankheiten, die zwar körperlich schmerzhaft, aber zugleich eindeutig zu diagnostizieren sind. Wer sich ein Bein bricht, lässt sich operieren. Mit einem Gips kriegt man auch schon Mitleid und Unterstützung und Entlastung.

Eine Depression oder ein Burn-out sind jedoch unsichtbar. Paolo (24), lebt in ständiger Angst: Seit zwei Monaten plagt ihn eine Art körperlicher und seelischer Daueralarm. Er kann sich die permanenten Sorgen und ängstlichen Befürchtungen nicht recht erklären. Die Folge ist eine zunehmende Einschränkung des Alltagslebens bis hin zur Depression. Wie eine Sirene, die nicht abgestellt wird. Er erzählt mir bruchstückhaft, wie er nachts schweissgebadet aufwacht, dafür morgens in bleiernen Schlaf fällt. «Danach fühle ich mich wie gerädert. Habe keinen Appetit, auf nichts Lust. Am liebsten würde ich bei zugezogenen Vorhängen im Bett bleiben.» Licht kann er kaum ertragen.

Die dadurch entstandene Isolation und der Rückzug von der Umgebung sind so ausgeprägt, dass jede Aufmerksamkeit oder Zuwendung der Umwelt sogar als Angriff verstanden wird. Paolo ist froh, wenn ihm seine Frau die zweijährige Tochter Clara «vom Hals hält». Er spricht mit mir über seine Angst, von seiner Frau zurückgewiesen zu werden. Er traut sich nicht, sie darauf anzusprechen. Jede Distanzierung von ihrer Seite führt bei ihm zu Trennungs- und Verlustängsten.

Dazu kommt ein Verlust des Gefühls für die eigene Persönlichkeit, ein Gefühl, nicht mehr er selbst zu sein, sondern nur noch automatisch zu funktionieren. Er beschreibt mir ein «Fassaden- oder Automatengefühl». Manchmal sogar eine vollständige Blockierung seiner sonst routinierten Handlungsabläufe.

Am Arbeitsplatz kommt er «über die Runden». Mittags geht er, wenn überhaupt, allein in die Kantine, um nicht in Gespräche verwickelt zu werden. Jeder Anruf ist einer zu viel.

Für ihn als IT-Experten versuche ich es über ein vertrautes Bild: «Das bisherige (Lebens-)Programm braucht eine Aktualisierung. Ein Update ist notwendig.» Ich biete ihm Begleitung in diesem Prozess an. Diese Auszeit ist notwendig. Es ist völlig normal, dass in dieser Phase die eigene Identität ins Schwimmen kommt. Selbstzweifel, Unsicherheit und Orientierungslosigkeit sind ein Anzeichen dafür, dass die Gewissheit darüber, wer wir sind, in Wanken gekommen ist. Echte Krisen sind immer auch Identitätskrisen. Unser Verständnis davon, wer wir sind und wie wir mit unserem Leben umgehen, ist in Frage gestellt und muss sich verwandeln. Damit die Chance einer Neuorientierung wirklich ausgeschöpft wird, ist es wichtig, den Umbruch, in dem man sich befindet, zu akzeptieren, anstatt ihn zu überspielen. Weil Wesentliches und immer auch wir selbst dabei auf dem Spiel stehen, wirken diese Depressionszeiten bedrohend und erwecken Ängste. Umso verständlicher ist es, sie sofort wegtherapieren zu wollen. Doch ist es am heilsamsten, die Krise erst einmal sein zu lassen. Und je grösser die Ansprüche sind an das Leben, dass wir alles im Griff haben sollen, desto grösser werden die Ängste. Je mehr Kraft wir verbrauchen, um die Schattenseiten zu unterdrücken, desto erschöpfter sind wir und desto weniger kommen wir zur Ruhe.

Aus eigener Erfahrung weiss ich: Der Weg aus der Krise führt zunächst in sie hinein. Nicht bekämpfen, sondern das darunterliegende abgeblockte Potenzial zu entdecken und freizulegen, ist das Ziel. Letztlich kann man nur loslassen, was man angenommen hat. Insofern ist wichtig, erst einmal anzuschauen, was da in einem hochkommt, sich annehmen mit allem, was ist, sich darüber klar zu sein: Das bin ich auch. Am Ende der

Suche erwartet uns ein Schatz, der schon immer im innersten Wesen da war, aber nur darauf wartete, allmählich entdeckt und freigelegt zu werden, wie die Facetten eines rohen Diamanten zum Vorschein kommen, wenn er geschliffen wird.

Paolo ist froh, wenn ihm seine Frau die zweijährige Tochter Clara «vom Hals hält».

Depression als Bremse

Werner (39), Hochbauzeichner, bezeichnete sich selbst als «Turbo». Beruflich und privat war er schon immer hochtourig gelaufen, war Feuer und Flamme, hatte stets alles gegeben. Dieses Feuer hatte nun alle Kräfte verzehrt. Dieses Ausgebranntsein zeigte sich in Symptomen wie innerer Leere, Erschöpfung und Schlaflosigkeit.

«Im Beruf muss ich mich ständig unter Kontrolle halten. Vor allem bei meinen Vorgesetzten muss ich aufpassen, wie ich mich zeige. Wenn ich beruflich weiterkommen will, kann ich es mir unmöglich leisten, echte Schwächen offen zu zeigen; das würde sofort ausgenutzt, von Kollegen oder Vorgesetzten.»

An Meetings mit Kollegen hatte er die Neigung, sich ständig mit ihnen zu vergleichen. Dabei war er in seiner Eigenbilanz ständig im Minus. Als Folge davon orientierte er sich an dem, was die anderen für erstrebenswert hielten. Gerade aber indem er sich den Erwartungen und Vorstellungen der anderen anpasste, verlor er an eigenem Profil und auch an Bedeutung für die anderen. Was ihn daran hinderte, zu seiner eigenen Stärke zu finden, war die Zerrissenheit zwischen den Vorstellungen, die von aussen an ihn herangetragen wurden, und den Wünschen und Sehnsüchten, die im Inneren zu ihm sprachen. Als alles zusammenbrach, hatte er Angst, dass nichts mehr von ihm übrig bleiben würde. Er versuchte zwar, die nachlassende Lust an der Arbeit durch doppelten Einsatz zu kompensieren. Je müder und abgespannter er sich fühlte, umso mehr zwang er sich weiterzumachen. Es kostete eine Menge Kraft, nach aussen kollegial und teamfähig zu erscheinen. Diese Anstrengung führte daher zu noch mehr innerer Spannung und Erschöpfung.

Viele, die ich beraten habe, beschreiben das Gefühl, mit immer mehr Energieaufwand immer weniger zu erreichen. Ich ermutigte Werner, fachliche Hilfe anzunehmen und diese Phase als sinnvolle psychosoziale «Bremse» zu interpretieren.

Je mehr Erwartungen und Leistungsvermögen auseinanderklaffen, umso mehr sinkt die Stimmung, beziehungsweise stellen sich depressive Symptome ein. Depressionen sind nach dieser Betrachtungsweise also keine «Defekte», sondern gesunde Abwehrmechanismen. Sie verhindern, dass weitere Anstrengung (Konkurrieren, Kämpfen) die Situation nur noch mehr verschlechtert, und erleichtern so den Ausstieg aus erschöpfenden Endlosschleifen. Diesbezüglich ähneln sie körperlichen Symptomen wie Husten, Erbrechen, Durchfall, Schmerz oder Fieber. Diese haben in aller Regel eine sinnvolle Aufgabe.

Nach einem sechswöchigen Klinikaufenthalt trafen Werner und ich uns wieder. Jetzt war er offen für weitere Schritte. Ich machte ihm klar, dass Veränderung immer auch Abschied von Gewohntem mit sich trägt. Gewohntes gibt uns zwar ein Gefühl der Sicherheit. Es ist aber nur eine Scheinsicherheit. Ein Schritt in eine andere Richtung ist erst einmal unsicher und unbequem. Aber lohnenswert, wenn es ein Schritt zu uns selbst ist. Der Psychologe Mathias Jung spricht in diesem Zusammenhang vom «Mut zu sich selbst». Statt sich immer weiter von sich und seinen Bedürfnissen und Vorstellungen zu entfernen. Äusserlich wird zwar alles dafür getan, individuell zu sein. Doch im Handeln werden die Menschen immer ähnlicher – sie orientieren sich nach global vermarkteten Werbebotschaften, Filmproduktionen und Stars. Immer weniger Menschen haben den Mut, sich selbst zu sein. Das Original wird allzu oft gegen eine miserable Kopie eingetauscht.

Ich versuchte, Werner vom Vorurteil zu entlasten, seelische Erkrankungen seien ein Ausdruck von Schwäche. Man kann die Depression auch als eine Aufforderung verstehen, bislang nicht gelebte Möglichkeiten künftig zu realisieren, sich persönlich zu entfalten, unabhängiger zu werden und zu geniessen.

Nicht wenige bekämpfen ihre Depressivität (und damit einen Teil ihrer Person). Depressive Menschen sind oft viel zu aggressiv gegen sich selbst. Ein weiterer Grund für die andauernde Selbstschwächung ist das ständige Sichvergleichen mit anderen. Immer entdeckt man bei anderen etwas, was man selbst nicht hat. Man fühlt sich benachteiligt, zu kurz gekommen gegenüber den anderen. Das Sichvergleichen führt zur Selbstentwertung und zum Sich-selber-schlecht-Machen. Das Kontrastprogramm heisst: sich selbst mit seinen Schwächen annehmen. Sich mit seinen Schwächen aussöhnen. Authentisch ist, wer mit sich selbst im Einklang ist, sich stimmig zu sich selbst verhält.

Immer weniger Menschen haben den Mut, sich selbst zu sein. Das Original wird allzu oft gegen eine miserable Kopie eingetauscht.

Leerer Akku

Burn-out und Depression werden zu Unrecht immer noch mit Schwäche und Lebensuntüchtigkeit verknüpft. In einer Welt, in der nur Leistung und Funktionieren zählen, werden Menschen mit Depressionen schnell als Aussenseiter, Drückeberger oder Versager abgestempelt. Dieses Stigma ist schuld, dass zu viele Betroffene über ihr Leiden nicht reden.

Gewissenhafte Menschen mit Hang zur Perfektion und hohem Anspruch an die eigene Leistung sind stärker depressionsanfällig. Ganze Wirtschaftszweige leben vom Perfektionsanspruch der Menschen, und da sind die Schönheitschirurgie oder die Gentechnik mit ihren Visionen vom perfekten Individuum lediglich die Spitze des Eisberges.

Walter (40), Softwareentwickler, hatte Angst, ohne zu wissen, warum. Er hatte das Gefühl, alles falsch zu machen. Seine Konzentration liess immer mehr nach. Eine scheinbar unerklärliche Erschöpfung, Gereiztheit und Aggressivität waren weitere Hilferufe der kraft- und mutlos gewordenen Seele. Das, was ihm sonst leicht fiel, wurde zur unüberwindlichen Hürde. Albträume und nächtliches Grübeln machten die erholsame Nachtruhe zunichte. Der Rückzug in die eigenen vier Wände und das fortschreitende Abkapseln von der Umwelt verengte seinen Lebensraum. Sein Leben glich einer nicht enden wollenden To-do-Liste.

Inzwischen konnte auch seine Partnerin nicht mehr richtig schlafen. In ihrem E-Mail-Hilferuf schrieb sie: «Das Schlimmste für mich ist, dass er mir fremd geworden ist. In letzter Zeit ist er auch noch überzeugt, an allem selber schuld zu sein. Diese Schuldgefühle haben sich auch auf mich übertragen und haben mich angesteckt. Ich habe Angst, selber auch in ein Loch zu fallen.» Sie beschrieb ihren Partner als gewissenhaft, mit Hang zur Perfektion und hohem Anspruch an die eigene Leistung.

Beim ersten Treffen fiel mir sofort auf, dass er sich selbst der gnadenloseste Kritiker geworden war. Hinter unserem Drang, perfekt zu sein, liegt oft die Idee, dass uns andere Menschen lieben werden, wenn wir nur gut genug sind. Nicht selten versuchen wir durch hohe Leistungen die Liebe vor allem von den Menschen zu bekommen, die uns Anerkennung verweigern. Hohe Leistungen bringen uns vielleicht bewundernde Blicke, aber noch lange keine Liebe.

Wenn jemand zu viel und zu lang einem belastenden Stress, eben dem Disstress, ausgesetzt ist, dann leeren sich irgendwann die Batterien. Man kann sich das vorstellen wie bei einem Auto, dessen Motor nicht mehr angelassen werden kann, weil die Batterie leer ist.

Zusammen mit Walters Partnerin nahmen wir die bisherige Lebenssituation unter die Lupe. Was hatte dazu geführt, dass er sich so verausgabt hatte? Welche Überlastungen kamen von aussen und welche machte er selber, beispielsweise in Form von Perfektionismus oder Schuldgefühlen? In einem Punkt fanden wir Übereinstimmung: Der erste Schritt, um geliebt werden zu können, ist, sich selbst anzunehmen und zu lieben – trotz Unvollkommenheit.

Beide nahmen diese Krise zum Anstoss, ihre Werte neu zu definieren. Da gibt es diese Geschichte aus Indien, sie bringt es auf den Punkt: Es war einmal ein Wasserträger. Auf seinen Schultern ruhte ein schwerer Holzstab, an dem rechts und links je ein grosser Wasserkrug befestigt war. Nun hatte einer der Krüge einen Sprung. Der andere hingegen war perfekt geformt, und mit ihm konnte der Wasserträger am Ende seines langen Weges vom Fluss zum Haus seines Herrn eine volle Portion Wasser abliefern. In dem kaputten Krug war hingegen immer nur etwa die Hälfte des Wassers, wenn er am Haus ankam. Volle zwei Jahre lieferte der Wasserträger seinem Herrn also einen vollen und einen halb vollen Krug.

Der perfekte der beiden Krüge war natürlich sehr stolz darauf, dass der Wasserträger in ihm immer eine volle Portion transportieren konnte. Der Krug mit dem Sprung hingegen schämte sich, dass er durch seinen Makel nur halb so gut war wie der andere Krug. Nach zwei Jahren Scham hielt der kaputte Krug es nicht mehr aus und sprach zu seinem Träger: «Ich schäme mich so für mich selbst, und ich möchte mich bei dir entschuldigen.» Der Wasserträger schaute den Krug an und fragte: «Aber wofür denn? Wofür schämst du dich?» – «Ich war die ganze Zeit nicht in der Lage, das Wasser zu halten, sodass du durch mich immer nur die Hälfte zu dem Haus deines Herrn bringen konntest. Du hast die volle Anstrengung, bekommst aber nicht den vollen Lohn, weil du immer nur anderthalb statt zwei Krüge Wasser ablieferst.» So sprach der Krug. Dem Wasserträger tat der alte Krug leid, und er wollte ihn trösten. So sprach er: «Achte das nächste Mal, wenn wir zum Haus meines Herren gehen, auf die wundervollen Wildblumen am Strassenrand.» Der Krug konnte daraufhin ein wenig lächeln, und so machten sie sich auf den Weg.

Am Ende des Weges jedoch fühlte sich der Krug wieder ganz elend und entschuldigte sich erneut zerknirscht bei dem Wasserträger. Der aber erwiderte: «Hast du die Wildblumen am Strassenrand gesehen? Ist dir aufgefallen, dass sie nur auf deiner Seite des Weges wachsen, nicht aber auf der, wo ich den anderen Krug trage? Ich wusste von Beginn an über deinen Sprung. Und so habe ich einige Wildblumensamen gesammelt und sie auf deiner Seite des Weges verstreut. Jedes Mal, wenn wir zum Haus meines Herrn liefen, hast du sie gewässert. Ich habe jeden Tag einige dieser wundervollen Blumen pflücken können und damit den Tisch meines Herrn dekoriert. Und all diese Schönheit hast du geschaffen.»

«Das Schlimmste für mich ist, dass er mir fremd geworden ist. Er ist auch überzeugt, an allem selber schuld zu sein.»

Die grosse Leere

Albrecht Dürers 1514 entstandener Kupferstich *Melancolia I* ist eindrücklich. Eindrücklich in der Darstellung des depressiven Erlebens. Im Vordergrund als Personifikation der Melancholie ist eine sitzende Frauengestalt. Ihr düsterer Blick geht ziellos hin- und herschauend ins Trostlos-Weite, ja in die Leere. Alles ist scheinbar so nahe und doch gleichzeitig weit weg. In diesem nur scheinbar gegensätzlichen Zusammenwirken von gleichzeitiger Erstarrung und angstvoller Unruhe erweisen sich Ungeborgenheit, Verlusterfahrung und grübelndes Leiden an der Vergänglichkeit unserer Existenz als Grundmuster melancholischen Erlebens. Anton (36), Lokomotivführer, beschreibt mir in einem Brief seinen Zustand: «Ein bleiernes inneres Gefühl, morgendliches Unausgeschlafensein. Ein Gefühl wie ausgebrannt. Eine Art Dauerlethargie. Ich nehme den Telefonhörer nicht mehr ab, kapsle mich von meiner Umwelt ab.»

Weil dieser Zustand schon drei Wochen andauert, empfehle ich ihm, einen Arzt aufzusuchen. Am besten helfen kann der Arzt, der einen am besten kennt, idealerweise der Hausarzt. Natürlich kann auch ein Psychiater oder ein psychotherapeutisch geschulter Facharzt helfen. Sein Hausarzt spricht sich mit mir ab. Die «Erste Hilfe» ist in seinem Fall eine Krankschreibung. Obwohl gerade diese Krankschreibung für Anton, der bisher meist bei jedem Wetter und zu jeder Tageszeit am Arbeitsplatz präsent war, die grösste «Niederlage» darstellt. Bei unserem ersten Treffen spricht er von einem Nicht-mehr-fühlen-Können, einem Nicht-traurig-sein-Können.

Mir ist schnell klar, dass er zu denen gehört, die besonders verwundbar, anfällig für eine Depression oder ein Burn-out sind. Die besonders pflichtbewussten, aufopferungsvollen Menschen, die viel für andere tun und in besonderer Weise für andere sorgen. Die Gefahr eines Burn-out ist besonders gross, wo

Menschen bei ständigem hohem Einsatz nur wenig Erfolge der eigenen Arbeit sehen oder wo es keine Anerkennung für den geleisteten Einsatz gibt. Ein solcher Dauerzustand des Zu-viel-Gebens und Zu-wenig-Bekommens kann in der betreffenden Person liegende Ursachen haben. Es können aber auch in den Arbeitsbedingungen Gründe vorliegen. Meist ist es eine Mischung aus beidem. Ein Burn-out erleiden Personen, die bei der Arbeit besonders hohe Ansprüche an sich stellen, die zum Perfektionismus neigen und sich übermässig engagieren.

Anton hatte die Fähigkeit verloren, nach Arbeitsschluss innerlich Abstand zu gewinnen. Es stellt sich heraus, dass er praktisch kein Privatleben mehr hat. Darunter leidet auch seine Erholungsfähigkeit. Sein Vorgesetzter und seine Arbeitskollegen können nicht damit umgehen, dass Anton länger ausfallen sollte. Sie reagieren hilflos.

Solche Situationen konfrontieren uns mit unserer eigenen Begrenztheit. Sie setzen den Machbarkeitswahn unserer Zeit ausser Kraft. Und dennoch, so paradox das klingen mag, kann aus Hilflosigkeit Hilfe erwachsen. Dies gilt besonders im Umgang mit depressiven Mitmenschen. Erst wenn ich als Angehöriger oder Freund eines Depressiven meine Hilflosigkeit akzeptiere und begreife, dass schnelle Linderung und sofortige Besserung nicht zu erreichen sind, sondern die Verzweiflung des geliebten Menschen annehme, ohne in Panik zu geraten, und seine Angst und Traurigkeit aushalte, bin ich ihm eine Stütze. Allein das Zuhören und Da-Sein ist heilsam. Das gemeinsame Nicht-Wissen verbindet.

So paradox das klingen mag, kann aus Hilflosigkeit Hilfe erwachsen.

Das eigene Passwort finden

Ich besuche die Ausstellung Querverstümmelung von Christoph Schlingensief. Nichts scheut Schlingensief mehr als die Endgültigkeit, die Perfektion – oder, wie er sagt: «die Erlösung». Scheitern ist sein Metier, die Aufhebung von Raum und Zeit oder eben die permanente Veränderung der Perspektive. Seine Arbeit hat immer mit dem Blickwechsel zu tun. Mit dem Ausbruch aus der Normalität. Der Gang durch seine Ausstellung ist wie eine Fahrt in einer Geisterbahn: Abgedunkelt ist der Weg und voller Überraschungen, Stolpersteine, Unklarheiten, Verwirrungen. Das hat unter anderem damit zu tun, dass man kaum fertige Werke zu Gesicht bekommt, sondern fliessende Gebilde, prozesshaft hingebaute, chaotische Installationen und vor allem gebrochene, doppelbelichtete Filme und Filmausschnitte. Biografien prominenter Personen bestehen normalerweise aus der Aneinanderreihung verschiedener Erfolge.

Der Liedermacher Konstantin Wecker hat zu seinem 60. Geburtstag eine Autobiografie vorgelegt, die er bewusst übertitelt mit *Die Kunst des Scheiterns*. «Dass das Scheitern derart ausgeklammert wird aus der Biografie des modernen Menschen», meint Wecker, «als wäre es anstössig und unmoralisch, als ginge es immer darum, zu den Gewinnern zu gehören, halte ich für gefährlich. Wir verlieren dadurch den selbstverständlichen Umgang mit unserer eigenen Geschichte und verschenken die Chance, wirklich erwachsen zu werden.»

Arbeitslosigkeit zum Beispiel wirkt sich also nicht nur auf den Betroffenen, sondern auch auf seine Familie aus. Vor allem Kinder leiden erheblich unter der Arbeitslosigkeit der Eltern. Ein wesentlicher Faktor, der die individuelle Verarbeitung von Arbeitslosigkeit beeinflusst, ist der Familienstand beziehungsweise die Unterstützung durch die unmittelbare soziale Umwelt. Grundsätzlich leiden diejenigen am meisten, die alleinstehend sind und auch sonst keine sozialen Kontakte haben, die die verloren gegangenen Beziehungen zu Arbeitskollegen ausgleichen könnten. Der Arbeitslose erfahrt, je länger seine Arbeitslosigkeit dauert, ein Gefühl der Ohnmacht. Er hat den Kampf um ein geordnetes, glückliches und sorgenfreies Leben verloren gegeben. Arbeitslosigkeit ist in vielen Alltagssituationen mit Erfahrungen der Beschämung verbunden. Das mit der Arbeitslosigkeit verbundene Schamgefühl ist dabei direkt mit gesellschaftlichen Leitbildern und dem Ideal des eigenen Selbst verknüpft. Je stärker das gesellschaftliche Leitbild an Erfolg und Leistung orientiert ist und je mehr das Bemühen, durch Arbeit an diesem Leitvorstellungen teilzuhaben, von Misserfolgen begleitet ist, desto intensiver werden die Situationen der Beschämung erlebt.

Hilflosigkeit, ein Gefühl von Wertlosigkeit, der Verlust jeder Struktur: Arbeitslosigkeit kann den Weg in die Depression ebnen, gleichzeitig laufen Patienten mit Depressionen erst recht Gefahr, ihren Arbeitsplatz zu verlieren. Die Arbeitswelt wird immer härter, und viele werden depressiv, weil sie dem Druck nicht mehr standhalten. Fast täglich kann ich beobachten, dass wer über 50 ist und als schwer vermittelbar gilt, ganz besonders gefährdet ist. Hinzu kommt häufig der Versuch einer Selbstbehandlung mit Alkohol.

Anna (27), Lebensmittelverkäuferin, zeigte mir zwei Ordner voll von erfolglosen Bewerbungsschreiben. Sie weinte, brach zusammen und war unfähig weiterzusprechen. Ihr Freund sagte, dass solche Reaktionen schon nach der Ankündigung der Entlassung häufig aufgetreten seien. Sie trinke jetzt wieder häufiger und sei kaum aus dem Bett zu kriegen. Sie, die einstige «Powerfrau». Diagnostiziert wurde eine durch die Arbeitslosigkeit ausgelöste reaktive Depression. Der plötzliche dauernde Kontakt mit ihrem Freund führte zudem zu Reibereien. Gewöhnt an ein arbeitsreiches, straff strukturiertes Leben, fand sie sich in der Freiheit der Erwerbslosigkeit immer schlechter zurecht. Selbst die kleinsten Aufgaben erschienen wie unüberwindbare Hindernisse. Vor Anlässen mit Freunden und Bekannten drückte sie sich wann immer möglich. Sie ertrug das Mitleid und die fürsorgliche Hilfsbereitschaft nicht, die ihr entgegengebracht wurde.

Der Hausarzt schlug eine medikamentöse Therapie vor. Nach drei Wochen begann sie ihre sozialen Kontakte wieder aufzunehmen, engagierte sich stärker im Haushalt und legte die Termine wann immer möglich auf den Morgen, um ihren Tagen wieder Struktur zu geben.

Je stärker ein Mensch sich durch seine Arbeit definiert, desto härter sind für ihn die Folgen von Arbeitslosigkeit. Das hat nichts mit persönlichem Versagen zu tun. Allein diese Erkenntnis kann schon ein wenig helfen. Wichtig ist auch, dass das restliche Umfeld, die Verwandtschaft und Freunde möglichst viel Verständnis für die Nöte eines Arbeitslosen zeigen. Sprüche wie «Jeder, der will, findet schon Arbeit» wirken hier verheerend. Für jeden Einzelnen ist es wichtig, das richtige Mass zu finden, besonders in den Ansprüchen an sich selbst. Der Zwang, besser zu sein als andere, führt oft zu Angst, Burn-out und Depression. Es geht darum, stimmig mit sich selbst zu werden und das eigene «Passwort» zur Gestaltung des Alltags zu finden.

Je stärker ein Mensch sich durch seine Arbeit definiert, desto härter sind für ihn die Folgen von Arbeitslosigkeit.

Flucht vor sich selbst
Es gibt die Flucht vor sich selbst. Nicht selten möchten wir anders oder gar ein anderer oder eine andere sein. Das Märchen von Schneewittchen erzählt, wie die Königin den Spiegel befragt: «Spieglein, Spieglein an der Wand, wer ist die Schönste im ganzen Land?» Das Spieglein antwortet: «Frau Königin, Ihr seid die Schönste hier, aber Schneewittchen über den sieben Bergen, bei den sieben Zwergen ist tausendmal schöner als Ihr.»

Solange die Königin vom Spiegel erfährt, dass sie die Schönste ist, ist sie zufrieden. Sobald das Spieglein ihr etwas anderes sagt, wird sie zornig und krank.

Wie reagieren wir vor dem Spiegel? Fürchten wir uns, unser wahres Gesicht zu sehen? Wenn wir in den Spiegel schauen, sehen wir Licht und Schatten, helle und dunkle Partien, vielleicht auch Verwundungen und Narben. Wunden zeigen, dass wir verwundbar sind. Verletzungen zeigen, dass wir verletzlich sind. Schatten zeigen, dass es Dunkles gibt.

Eines meiner Lieblingslieder ist *Darkness* von Peter Gabriel. Das, was er besingt, kenne ich sehr gut aus meinem eigenen Leben. Ich gebe der Angst einen Platz in meinem Leben, aber ich lasse mein Leben nicht von ihr kontrollieren. Schmerz darf es in meinem Leben geben. Solange ich mich nicht gegen ihn wehre, geht er auch wieder vorüber. Ich habe meine Ängste, aber sie haben mich nicht in ihrem Griff. Der Weg der Versöhnung führt über das Akzeptieren auch derjenigen Wesenszüge von uns, die uns Mühe machen und die wir am liebsten wie eine lästige Fliege loswerden möchten.

Andreas (29), IT-Systemelektroniker, war mir von Radio-Interviews als kompetenter Gesprächspartner in Erinnerung.

Betriebswirtschaftliche und arbeitsorganisatorische Zusammenhänge konnte er so erklären, dass echte «Bilder im Kopf» entstanden. Jahre später lernte ich ihn von einer anderen Seite kennen. Der Tod schien ihm «wünschenswerter» als weiterzuleben – nur um von dieser «schmerzhaften Gefühllosigkeit» Depression befreit zu werden. Er schrieb seiner Freundin eine SMS: «Ich will nicht mehr funktionieren müssen. Es ist besser, sich zurückzuziehen, als in einer solchen emotionalen Lage mehr Porzellan zu zerschmeissen als nötig. Ich fühle mich leer und verbraucht.»

Ilona (27), versuchte verzweifelt, um ihren Freund zu kämpfen, die Beziehung zu retten. Zu hören bekam sie von ihm aber immer die gleichen Sätze: «Ich bin im Moment nicht fähig, eine Beziehung zu führen.» Oder: «Du kannst nichts dafür, es liegt einzig und allein an mir.» Oder: «Ich habe dich nicht verdient.»

Diese Sätze machten sie noch ohnmächtiger und hilfloser. Bei einem gemeinsamen Gespräch wurde schnell klar, dass er sich viel zu stark durch seine Arbeit definiert hatte. Auch in seiner Freizeit setzte er sich unter grossen Erfolgsdruck, «weil ich hier in kurzer Zeit einen Ausgleich für den ganzen Arbeitsstress finden wollte». Auf meine Empfehlung, einen Hausarzt aufzusuchen, reagierte Andreas unwillig. Begründung: Er könne sich dies «nicht leisten». Andreas weiter: «Wenn ich eine Schwäche zeige, bin ich doch sofort weg vom Fenster. Die schmeissen mich raus. Ich muss halt mich nur mehr zusammenreissen und gegen die Depression ankämpfen.»

Geprägt durch depressive Denkmuster und Bewertungen, ergab sich für ihn eine völlig andere Sichtweise. Mir war klar, dass sein Arbeitsplatz tatsächlich in Gefahr sein könnte. Die grösste Gefahr würde aber zweifellos davon ausgehen, dass keine adäquate Behandlung der Depression stattfände. Dies würde sicher zur Arbeitsunfähigkeit beziehungsweise langfristig sogar zur Erwerbsunfähigkeit führen.

Zu einem späteren Zeitpunkt, als es ihm unter Medikation deutlich besser ging, fragte ich die beiden: Könnte die Depression nicht auch als «erzwungene Auszeit» zu verstehen sein? Eine Phase, in der man einmal über die eigene Lebenssituation, Wünsche und Bedürfnisse nachdenken kann und sollte? Unsere Verletzlichkeit ist nicht unser Feind, aber ein Teil von uns, den wir anerkennen, achten, auf den wir hören, den wir schützen und mit dem wir uns anfreunden sollen. Indem wir auf unsere Verletzlichkeit hören, hören wir auch auf unser Herz und was wahr und gut für uns ist. Es ist kein einfacher Prozess, die eigenen Schattenseiten anzunehmen und sie zu integrieren. Der Kampf gegen diese unintegrierten Schattenseiten kann uns krank machen. Es geht nicht darum, sich zu ändern. Nein, es geht darum, sich anzunehmen, wie man ist, und dann keine Scham mehr zu fühlen.

Ich spreche nicht von Schuld, sondern von Scham. Schuldig fühlt man sich, wenn man etwas Falsches getan hat. Schamgefühle haben wir, wenn wir denken, wir sind nicht richtig, wie wir sind. Man kann sich für etwas entschuldigen, was man getan hat. Aber sich dafür zu entschuldigen, wie man ist, ist als würden wir uns selber als Mensch ablehnen und unsere eigene Existenzberichtigung in Frage stellen. Nachdem wir unserer Schattenseiten bewusst geworden sind und sie angenommen haben, geschieht eine innere Transformation von allein, die wiederum eine Veränderung bewirkt. Vorher stecken wir nur in einengenden Verhaltensmuster drin, die dazu dienen, unterdrückte Gefühle zu vermeiden, weil sie uns zu bedrohlich erscheinen.

«Habe Mut, du selbst zu sein!» Ein Wort des heiligen Bernhard von Clairvaux, eines grossen Ordensmannes des Mittelalters, führt diesen Gedanken fort. Er sagt: «Gönne dich dir selbst!» Wer sich etwas gönnt, tut etwas Gutes für sich. Wir gönnen uns vielleicht einen freien Tag, einen Urlaub, ein gutes Essen, den Besuch des Theaters oder des Konzertes. Es sind Dinge, die uns gut tun. «Gönne dich dir selbst!» Dieses Wort sagt noch mehr. Es heisst: «Habe Mut, du selbst zu sein. Du selbst bist wertvoller als jede Rolle, die du ausfüllen musst. Deshalb gönne dich dir selbst, du bist ein Mensch. Gönne dich dir als Menschen. Gönne es dir, dass du voll und echt Mensch bist. Gönne dich dir in deiner Menschlichkeit.»

«Ich habe dich nicht verdient.»
Dieser Satz machte Ilona noch ohnmächtiger
und hilfloser.

Vom Leben abgeschnitten

Traurigkeit und Melancholie gehören zum Leben. Depression ist etwas ganz anderes. Depression heisst, auf eine schmerzhafte Art abgeschnitten zu sein von allen nützlichen Erfahrungen des Menschseins. Eine untergründige Traurigkeit, mit der man umgehen kann, ist keine Krankheit und braucht keine Behandlung. Viele Leute meinen, Depressive wollten allein sein. Das stimmt nicht. Sie ertragen es bloss nicht, auf Fragen antworten zu müssen. Sie ertragen vielleicht nicht eine andere Person im Raum. Aber sie sind froh, jemanden im Zimmer daneben zu wissen. Typisch für eine Depression ist die Neigung zu Schuldgefühlen und Selbstvorwürfen. Gleichzeitig stellen Depressive hohe Ansprüche an sich selbst und empfinden eigene Fehler oder Zurückweisungen durch andere als Katastrophe. Chronische Mattigkeit, Zerschlagenheit, Müdigkeit. Alles fällt schwer. Kleinste Pflichten und Probleme türmen sich zu unüberwindbaren Hürden auf. Tätigkeiten, die ihnen früher Freude bereitet haben, werden aufgegeben. Die Antriebslosigkeit nährt überdies ihre Schuld- und Versagensgefühle.

Das Verheimlichen und Verstecken der Krankheit schützt zwar vor Stigmatisierung, kostet aber zugleich viel Kraft. Immer wieder schildern mir Betroffene, wie sie dagegen ankämpfen, sich nicht einfach zurückzuziehen und den Menschen aus dem Weg zu gehen. Es gelingt ihnen zum Beispiel nicht, einfache Fragen wie «Was machst du beruflich?» ohne Stress zu beantworten. Das Lügen und Verschweigen wird zur Qual, zum Verleugnen von dem, was sie in Wirklichkeit sind. Stigmatisierung von innen und von aussen bedeutet eine zusätzliche Belastung, eine Schwierigkeit, die eigentliche Krankheit anzunehmen und zu verarbeiten. Das Fremde ihres Leidens macht offenbar Angst. Es ist unberechenbar, schillernd und unfassbar. Es ist immer noch schwierig, dieser Krankheit eine Gestalt zu geben. Viele Fragen bleiben offen. Es tauchen Widersprüche auf.

Betroffene selbst haben oft kein genaues Bild, was mit ihnen geschehen ist. Das Unfassbare bietet dann eine Projektionsfläche, Grund für Vorurteile und Stigmatisierung.

Angehörige werden aber auch von der Stigmatisierung mitbetroffen. Auch sie sind gezwungen, vieles mit sich selbst auszumachen. Die Tabuisierung ist immer noch zu sehr mit uralten Bildern und Ängsten verwachsen, um sie in kurzer Zeit aus der Welt zu schaffen. Es bräuchte Menschen, die Betroffene so akzeptieren, wie sie sind. Die sie als Ganzes wahrnehmen, mit ihren gesunden und ihren schwierigen Anteilen. Die vor allem in ihnen Menschen sieht und sie nicht auf ihre Krankheit reduziert.

Angehörige werden von der Stigmatisierung auch betroffen.

Wenn der Partner Depressionen hat

Ruth (40), Hausfrau, schickte mir eine E-Mail: «Mein Mann ist depressiv. Auffällig ist, dass er sich jeweils nach den Geburten unserer Kinder plötzlich zurückgezogen hat. Von ihm kam einfach nichts mehr. Er hat nichts mehr getan, mir nicht geholfen, nichts unternommen. Er hat nur noch gearbeitet und sonst gar nichts mehr. Anfangs haben wir uns beide nicht mehr ausgekannt, bis er dann mit seinem Arzt gesprochen hat. Der hat ihm dann gesagt, das sei eine leichte Depression. Er hat eine Zeit lang Medikamente genommen, und es ist dann besser geworden. Das ist jetzt sechs Jahre her, und mir scheint, es kommt wieder, ich habe schon bemerkt, dass er wieder unter Schlafstörungen leidet. Normalerweise ist mein Mann ein liebevoller Ehemann und Vater, aber wenn er sich so in sein Glashaus zurückzieht, dann macht mir das richtig Angst. Ich möchte ihm gern helfen, weiss aber nicht wie.» Ihre Zeilen stehen stellvertretend für viele.

Meine Antwort: «Danke für Ihr Vertrauen. Ich verstehe sehr gut, dass Ihnen das alles Angst macht. Sie beschreiben eindrücklich, wie es in einer depressiven Episode den betroffenen Menschen immer schwerer fällt, in Kontakt zu treten. Genau da würde ich auch ansetzen. Da, wo Ihr Mann ist. Bei seiner Realität und Wirklichkeit. So, wie sie ist. Ihr Mann ist vermehrt darauf angewiesen, dass Sie Kontakt zu ihm aufnehmen, selbst wenn er scheinbar gleichgültig reagiert oder es sogar ablehnt. Wichtig ist auch, dass Sie nicht an seinen Willen appellieren. So in der Art: Du kannst schon, wenn du nur willst. Geben Sie ihm nicht die Schuld an seiner Befindlichkeit. Nehmen Sie die Hoffnungslosigkeit als Zeichen des depressiven Zustandes, der aber wieder vorübergehen wird. Vermeiden Sie Ironie und Sarkasmus, weil der Sinn für Humor oft vorübergehend verloren geht. Suchen Sie nicht nach Schuld, weder bei Ihrem Mann noch bei sich. In einer Depression fühlt sich der depressive Mensch wie gefangen, schwach, erschöpft und kann sich nicht mehr konzentrieren, keine Entscheidungen treffen. Zugleich hält er die Depression oft für seinen eigenen Fehler und sich selbst für einen Versager.

Einen an einer Depression erkrankten Menschen zu betreuen oder mit ihm zusammenzuleben, ist eine Belastung. Sie sollten auch an sich denken und sich bei Bedarf Unterstützung holen. Schwierig auszuhalten sind die emotionalen Wechsel. Einerseits weckt das depressive Leiden Mitgefühl, Anteilnahme und den Wunsch zu helfen, andererseits können die Negativität und das Klagen auch ablehnende Gefühle, Wut, Verärgerung und Frustration hervorrufen. Besonders kompliziert wird die Situation, wenn der Depressive auf Ihre liebevollen Bemühungen nicht reagiert. Bedenken Sie: Ihr Mann kann sich nicht anders verhalten. Die mangelnde Energie und die fehlende Tatkraft sind Symptome der Depression. Verwechseln Sie das Nichtkönnen nicht mit Nichtwollen. Der Betroffene selbst kann nur schwer vermitteln, was für Bedürfnisse er hat. Er hat ohnehin schon das Gefühl, eine Last zu sein. Ich stehe gern weiter zur Verfügung, um mitzuhelfen, diese Last zu tragen.»

Besonders kompliziert wird die Situation, wenn der Depressive auf Ihre liebevollen Bemühungen nicht reagiert.

Das unsichtbare Leiden
Ein Burn-out oder eine Depression sieht man einem Betroffenen in der Regel nicht an. Alles in unserer Gesellschaft ist auf das Funktionieren aufgebaut, und wer nicht funktioniert, der passt nicht in diese Gesellschaft. Klar, dass Betroffene in einem solchen Umfeld lieber schweigen. Selbst den unmittelbaren Angehörigen gegenüber. Was ein Burn-out oder eine Depression zusätzlich so schlimm macht, ist, dass der Erkrankte nicht in der Lage ist, seine Beschwerden richtig zu erklären. Denn wie erklärt man beispielsweise eine vermeintlich grundlose Angst oder die Lustlosigkeit? Ein sehr häufiges Symptom der Depression sind Kreuzschmerzen, und keine Röntgenaufnahme ist in der Lage, hier einen Befund zu zeigen. Nur wer selbst eine depressive Episode durchlitten hat, kann wohl wirklich verstehen, was es bedeutet, nicht verstanden zu werden und sich immer rechtfertigen zu müssen, weshalb man sich «so verändert» hat.

Heinrich (39), hat sich vor zwei Jahren selbständig gemacht. Er kontaktierte mich. Er könne «plötzlich» nicht mehr schlafen, er habe keine Energie mehr. Jede alltägliche Kleinigkeit empfinde er als «übermächtige Bedrohung». Er will so schnell wie möglich wieder funktionieren, dazugehören und akzeptiert werden. Immer wieder gehen ihm dieselben Gedanken durch den Kopf: «Ich bin ein schlechter Mensch, ich bin nichts wert, eigentlich habe ich keine Lebensberechtigung mehr.» In letzter Zeit sagte seine Partnerin auch immer öfter, er soll sich doch zusammenreissen, sie habe mit den kleinen Kindern und dem Haushalt auch nicht jeden Tag «den Himmel auf Erden». Sie verstehe gar nicht, was plötzlich mit ihm los sei. Finanziell sei man doch abgesichert, das Sexleben sei in Ordnung, und man habe doch einen netten Freundes- und Bekanntenkreis.

Äusserungen, die Schuldgefühle oft nur noch verstärken. Heinrich kennt sich selber nicht mehr. Solche Gefühle der Ohnmacht sind ihm fremd. Die Äusserung seiner Befindlichkeit oder gar seiner Verzweiflung und das Suchen nach Hilfe war bisher in seinem Männlichkeitsstereotyp nicht vorgesehen. Alles ist so vage, diffus, schwer fassbar und deshalb kaum erklärbar. Sieht aus wie «Stress» oder «Erschöpfung», und ist es doch nicht. Andererseits kann es so auch nicht mehr weitergehen: Die Qual wächst ständig, und die Folgen sind nicht mehr zu verheimlichen. Wie oft habe ich den Satz gehört: «Ich hätte lieber einen Beinbruch.» Beim Beinbruch wird man bedauert, bei der Depression missverstanden. Verständnisvolle Zuneigung entlastet weitaus mehr als ermahnende Appelle, die noch mehr in die Enge und Hilflosigkeit treiben.

Seine Partnerin sagte immer öfter, er soll sich doch zusammenreissen, sie habe auch nicht jeden Tag «den Himmel auf Erden».

Sex sells

Sex sells. Sex ist allgegenwärtig: Auf den Plakatwänden, in den Musikvideos, im Internet. Die perfekten Vorbilder der multimedialen Welt steigern den Erwartungsdruck. Der Leistungsgedanke der westlichen Gesellschaft und die perfekten, nie erreichbaren Vorbilder aus Werbung und Medien drücken auf die Leichtigkeit, die guten Sex ausmacht. «Manneskraft» definiert sich für viele über das «Wie oft». Hinzu kommt, dass Männer «Schwächen» im Allgemeinen und ganz besonders eine «Schwächung» in sexueller Natur ablehnen. Entsprechende Symptome werden vielleicht sogar teilweise vor sich selbst verleugnet, auf keinen Fall gern zur Sprache gebracht. Männer werden meist von klein auf dazu erzogen, ihre Gefühle und Schmerzen unter Kontrolle zu halten, sie nicht zu zeigen. Konsequenterweise werden dann körperlichen und/oder seelischen Bedürfnissen im Erwachsenenleben kaum Raum gegeben. Manche Männer fangen dann an, sich selbst beim Sex zu beobachten, statt darin «aufzugehen». Sie wollen beobachten, ob sie es gut, ob sie richtig zu machen, weil sie Angst haben, es nicht gut, nicht richtig zu machen. Das hemmt manche so sehr, dass sie nicht oder nur mit Verzögerung «kommen» können.

Männer scheinen immer noch darauf abonniert zu sein, leistungsstark zu sein, eine gute Performance im Job zu liefern, unangreifbar zu sein. Dabei geht leider viel an menschlicher Nähe verloren, eine Voraussetzung für guten und erfüllenden Sex. Und dieser Leistungsdruck überträgt sich dann automatisch auf das Sexleben. Die Erwartung, dass der Kerl da unten auf Knopfdruck funktioniert, ohne dass es emotionaler Hingabe bedürfe. Warum sagt der Mann nicht auch mal: «Schatz, heute ist mir nicht danach»? Was tut er stattdessen? Er probiert es trotzdem, wenn es klappt, dann geht alles sehr schnell oder es geht gar nicht. Das Ergebnis? Schuldgefühle auf beiden Seiten. Der Anfang vom Frust an der Lust.

Früher mussten sich Frauen permanent gegen allzeit bereite Männer wehren, heute klagen sie über Männer, mit denen im Bett nichts mehr los ist. Angebot und Nachfrage haben sich verschoben. Immer häufiger klagen Männer über sexuelle Unlust. Im Schlafzimmer wird eher der Finger auf die Fernbedienung gelegt ... Nicht selten steckt eine Depression dahinter. Viele Menschen mit Depressionen verlieren das Interesse am Sex. Wenn das Gehirn auf Sparflamme läuft, kann das die Lust stark dämpfen. Bei Männern können Erektionsprobleme auftreten, während Frauen Schwierigkeiten haben, zum Orgasmus zu kommen. Das «seelische Erkalten», wie es Depressive oft verspüren, schafft eine emotionale Distanz zu ihren Partnern.

Eine Depression beeinträchtigt den ganzen Menschen. Viele ziehen sich sozial zurück, wollen niemanden sehen, mit keinem Reden. In solchen Phasen ertragen Betroffene oft auch keine körperliche Nähe wie etwa Umarmungen. Auch kann es sein, das einem das Küssen des Partners, sei es nur ein einfacher morgendlicher Begrüssungskuss auf den Mund, zuwider ist. Auch hat man keine Kraft, dem Partner das alles zu erklären. Typisch für einen an Depression leidenden Menschen ist, dass er sich selbst sehr unter Leistungsdruck setzt. Er hat das Gefühl, seine Leistungen reichten nicht aus, er müsste noch viel mehr schaffen. Ebenso typisch ist das Grübeln. Ein Betroffener denkt ständig über seine Situation nach, macht sich Gedanken, wie sein Umfeld auf die veränderte Lage reagiert, wie er seiner Familie, seinen Freunden, Bekannten, Arbeitskollegen erklären kann, dass er eben nicht die Leistungen erbringt, die von ihm erwartet werden, er nicht mehr reibungslos funktioniert.

Rico (48) hatte an starken Depressionen, verbunden mit extremen Angstzuständen, gelitten. Seine Partnerin erlebte ihn als «einsilbig, zurückgezogen und passiv». Er zog sich immer mehr zurück. Seine Stimmungswechsel wurden zunehmend zu einer Quelle von Missverständnissen. Zum damaligen Zeitpunkt hatte er schon Potenzprobleme. Während der Behandlung der Depressionen nahmen die Erektionsstörungen zu. Überhaupt, es fehlte ganz einfach die Lust an Sex. Meiner Erfahrung nach werden Betroffene noch viel zu oft nicht über die Wirkung von Antidepressiva auf die Sexualität hingewiesen. Einige Medikamente können die sexuelle Aktivität hemmen und Orgasmusstörungen hervorrufen. In einem solchen Fall sollte über einen Wechsel des Medikaments oder der Dosierung gesprochen werden. Dabei zählen Beeinträchtigungen der Libido zu den häufigsten Nebenwirkungen von Arzneien und sind der Grund, warum sie von Patienten nicht wie vorgeschrieben eingenommen oder eigenmächtig abgesetzt werden.

Medikamentöse Behandlungen sind in einer Depression sinnvoll und wichtig, denn sie unterstützen den Patienten. Antidepressiva machen nicht abhängig, brauchen aber Zeit zu wirken. In den ersten zwei Wochen können unangenehme Nebenwirkungen in Erscheinung treten. Sind diese nach vier bis sechs Wochen nicht abgeklungen, sollte der Betroffene mit seinem Arzt darüber sprechen und das Medikament wechseln.

Viele Menschen mit Depressionen verlieren das Interesse am Sex.

Baby Blues
Es sind nicht immer Freudentränen, die nach der Geburt fliessen, sondern auch Tränen der Verzweiflung aufgrund der veränderten und neuen Lebenssituation. Dafür schämen sich viele betroffene Mütter und verzichten auf die Hilfe, die sie dringend nötig hätten. Es ist wichtig, sich klar darüber zu sein, dass die postpartale (oder postnatale) Depression eine Krankheit ist und man nicht allein damit ist. Die Betroffenen haben nichts falsch gemacht, aber sie müssen akzeptieren, dass sie krank sind und Hilfe brauchen. Brooke Shields war der prominenteste Fall einer Mutter mit postpartaler Depression. Als die Krankheit der US-Schauspielerin 2003 bekannt wurde, lästerte ihr Kollege Tom Cruise in einer Talkshow, dass Shields sich nicht so gehen lassen solle. «Sie hätte lieber Vitamine nehmen und Sport treiben sollen, als zum Psychiater zu gehen», ätzte er und kritisierte sie dafür, dass sie Antidepressiva nahm. Mit einem Brief an Cruise in der *New York Times* konterte Brooke Shields: «Das Beste an seinem Geschwafel ist, dass eine ernsthafte Krankheit nun hoffentlich die notwendige Aufmerksamkeit bekommt.»

Michaela (31) ist direkt nach der Geburt in eine Depression gefallen. Obwohl sie ihr Kind lieben will, gelingt es ihr nicht, eine Bindung zu dem Säugling aufzubauen. Die Angst, eine «Rabenmutter» zu sein und keine Mutterliebe zu dem Neugeborenen entwickeln zu können, lastet stark auf ihrer Psyche. Sie hat Angst, ihrer Mutterrolle nicht gerecht zu werden, und fühlt sich mit der Versorgung des Kindes überfordert. Dies erzeugt Schuldgefühle. Ein destruktiver Kreislauf beginnt.

Ich erinnere mich noch an einen Anruf ihres Mannes Werner (32), mitten in der Nacht. Seine Frau hatte eine Panikattacke im Spital gehabt. Sie hatte immer wieder verzweifelt gefragt: «Was soll ich nur mit meinem Kind machen? Wie soll ich reagieren, wenn es schreit?» Sie konnte das Kind zwar verpflegen, wickeln und füttern, aber es wurde ihr immer fremder, sie funktionierte nur noch. Werner hatte ihr aus Verzweiflung das Kind immer öfter auf den Bauch gelegt. Ohne sichtbare Wirkung. Sie schaffte es nicht, eine Beziehung aufzubauen. Werner las stapelweise Bücher über Kleinkinder, erhöhte den Druck dadurch noch mehr. Als seine Frau dann auf Entlassung aus dem Spital drängte und zu Hause war, wurde alles noch schlimmer. Sie konnte nichts mehr Essen, ging nachts spazieren, weil sie es nicht mehr in der Wohnung aushalten konnte. Dazu kamen die Schlafstörungen. In den ersten fünf Wochen nach der Entbindung schlief sie vielleicht zwanzig Stunden.

Bei einem Besuch erzählt sie mir von ihren Suizidgedanken. Von ihren Überlegungen, ob es nicht besser wäre, sie würde mit dem Baby von einer Brücke springen. «Manchmal wünsche ich mir sogar, ich würde einschlafen und nicht mehr aufwachen oder dass jemand mein Kind mitnimmt.» Ich rate ihr dringend zu einem Arztbesuch und versuche, eine Haushalthilfe zu beantragen, damit sie tagsüber nicht allein ist. Lang habe sie versucht, ihre Depression «wegzulächeln», sagt sie. Jetzt sehe sie aber ein, dass Hilfe notwendig sei. Später am Abend ist die Panik wieder da: «Ich habe Angst, meinen Mann zu verlieren; was will er denn auch mit so einer durchgeknallten Frau?» Werner versichert ihr immer wieder, dass er sie liebt und sie das schaffen würden.

Drei Wochen nach der Konsultation bei einer Fachärztin beginnt das verschriebene Medikament zu wirken. Manchmal quälen sie noch Ängste, dass die Depression wieder kommt. Und das schlechte Gewissen dem Kind gegenüber. Es geht aber die ersten Lichtblicke. Erstmals sagt sie, dass sie ihr Kind liebt und froh ist, dass es auf der Welt ist. Sie kann wieder rausgehen und gemeinsam mit ihm die Welt neu entdecken.

Neuerdings besucht sie auch eine Selbsthilfegruppe und spricht ganz offen mit Verwandten und Freunden. Es ist ihr ein Anliegen, dass Betroffene und ihre Familie verstehen, dass nicht alles toll ist, wenn das Baby da ist, und dass es auch nicht die Schuld der Mutter ist, wenn es ihr nicht gut geht. Heute würde sie keine Zeit mehr verlieren, Hilfe in Anspruch zu nehmen.

Übrigens: Auch die Väter gilt es einzubeziehen, immerhin leiden 10 Prozent von ihnen auch an postpartalen Depressionen.

Werner hatte ihr aus Verzweiflung das Kind immer öfter auf den Bauch gelegt.

Eine Kultur des Scheiterns

Ernst (33), ein blendend aussehender Sportlehrer, erinnerte sich an das, was vor vier Monaten passiert war. Innert zwölf Minuten war alles zerbrochen. So lang hatte der Schulleiter gebraucht, um ihm die Entlassung bekanntzugeben. Sein Selbstbewusstsein brach zusammen. Status, Rolle und Image gingen verloren. Und er hatte Angst, dass nichts mehr von ihm übrig bleiben würde. «Selbst schuld, ich habe was falsch gemacht!», hatte er sich danach ständig gesagt. Obwohl dies eine völlig einseitige Erklärung war. «Was nun? Was tun?», fragte er sich – und mich. Seine Freundin hatte den Druck noch erhöht. Sie lebte nach dem Motto: «Wer will, der kann!» Kaum eine Karriere verläuft ohne Brüche immer geradeaus: Insolvenzen und Fusionen, Freisetzungen, Kündigungen, Umsetzungen und Absetzungen bestimmen die beruflichen Biografien. Es trifft nicht nur die Älteren und Kranken, die Niedrigqualifizierten und weniger Leistungsfähigen; es sind auch die Jungen und Fitten, die Hochqualifizierten und Erfolgreichen.

«Wir müssen im Leben Schwächen erleiden, Verluste spüren, wir müssen scheitern, damit wir in unseren festgeschriebenen Rollen nicht erstarren, auf unseren einmal eingeschlagenen Wegen nicht in Sackgassen geraten oder uns von erfolgreichen Karrieren blenden lassen und unsere Innenwelt vernachlässigen.» Das, sagt der Schweizer Psychoanalytiker Alain Guggenbühl, sei die hohe Kunst des Scheiterns: Die Niederlage zu Ende bringen, durch den Verlust hindurchgehen, denn sonst kann danach nichts Neues entstehen. Deshalb muss der Mensch das Scheitern wagen, auch wenn der Schmerz gross ist, auch wenn am Ende des Tunnels kein Licht, sondern erst einmal nur Perspektivlosigkeit wartet. «Wenn die Seele wachsen soll, müssen wir uns die Schwäche zum Freund machen, weil nur dann sich Alternativen präsentieren.»

Ich sprach mit Ernst in den folgenden Wochen über das, woran viele denken und wovor alle Angst haben: über Erfolglosigkeit, Desillusionierung und ausgeträumte Träume. Das Schweigen über das Scheitern gehört zu unserer Kultur. Es zu brechen, erfordert Mut. Das Sprechen über das Scheitern ist aber der erste Schritt zur Verarbeitung. Scheitern ist etwas ganz schwierig zu Ertragendes. Etwas sehr Leidvolles, das mit schwierigen, negativen Emotionen zu tun hat. Man hat das Gefühl, man sei nichts mehr wert, man hat keinen Platz mehr. Aber diese Phasen sind wichtig, die sind nicht einfach nur problematisch. Die müssen nicht wegtherapiert werden.

Am besten machen wir uns nichts vor. Akzeptieren wir, dass wir keine Helden sind. Sich selber mit seinen Schwächen annehmen, heisst barmherzig sein. Genau da beginnt ein lebenslänglicher Lernprozess. Die Herausforderung dabei lautet: Uns mit unseren Schwächen auszusöhnen. Freundlich mit ihnen umzugehen, anstatt sie zu bekämpfen. Wir dürfen uns lieben, so, wie wir sind.

Akzeptieren wir,
dass wir keine Helden sind.

Schuld und Scham
Depressiv erkrankte Menschen sprechen oft aus Scham und Unsicherheit nicht offen über ihre Krankheit, sodass eine Depression oft nicht rechtzeitig erkannt wird. Es ist auch für viele Depressionsformen typisch, dass die Betroffenen sich zurückziehen und kaum noch die Kraft und Energie aufbringen, mit anderen Menschen wie dem Partner und Angehörigen zu sprechen. Leider werden Depressionen immer noch häufig von der Umwelt nicht als Krankheit gesehen, sondern als Willensschwäche, Versagen, Mangel an Disziplin oder als seelischer Makel abgewertet. Dabei wird vergessen, dass Depressionen Krankheiten des ganzen Menschen sind. Sie verändern tiefgreifend den Stoffwechsel und andere wichtige Körperfunktionen, ebenso wie die Gedanken, Gefühle und Verhaltensweisen den Mitmenschen gegenüber.

Franz (34), Oberstufenlehrer, hatte mich angerufen. Elf Stunden später sassen wir einander gegenüber und tranken Kaffee unter Kastanienbäumen. Er erzählte mir von seiner verringerten Leistungsfähigkeit. Diese hatte dazu geführt, dass sich die beruflichen Misserfolgserlebnisse gehäuft hatten. Das Ergebnis: eine immer stärkere Frustration. Er gab entweder sich oder anderen die Schuld am eigenen Versagen. Er schwankte im Gespräch zwischen Resignation, Zynismus und Aggression hin und her. Die vermehrte Vernachlässigung der beruflichen Aufgaben führte zu weiteren Versagenserfahrungen.

Wenn in diese sich selbst verstärkende Entwicklung nicht eingegriffen wird, kann es zu sehr ernsthaften psychischen Erkrankungen wie Depressionen, chronischen Angstzuständen und zu existenzieller Verzweiflung kommen. Franz wollte unbedingt funktionieren, schämte sich für seine Schwäche und wollte, dass es niemand bemerkt. Er empfand sich als unmännlich.

«Ich kann mir so etwas nicht leisten, in meiner beruflichen Situation. Wenn das jemand merkt, bin ich erledigt.» Seine Stimme klang entschlossen. Er machte aber auch immer mehr Pausen zwischen den einzelnen Aussagen. Meine Erfahrung: Männer neigen bei gesundheitlichen Problemen zu Verdrängung und Vermeidung. Nur ein minimaler Anteil der von einer Depression Betroffenen holt sich Hilfe. Viele erkennen selbst gar nicht, dass sie unter einer Depression leiden. Andere schweigen aus Scham oder Angst vor Unverständnis. Die Depression ist keine persönliche Schwäche, kein Versagen und kein persönliches Unvermögen. Auch wenn Gefühle der Hilflosigkeit, Hoffnungslosigkeit und Nutzlosigkeit dabei auftreten. Der Schwung fehlt, die Unternehmungslust und die Lebensfreude erlahmen. Letztlich steckt hinter der Scham auch die Angst, ausgeschlossen zu werden. Die Angst, sozial degradiert zu werden.

Auch Franz stellte sich immer wieder die Frage, was die anderen über ihn denken. Die Überzeugung war in ihm gewachsen, dass mit ihm etwas nicht in Ordnung ist, dass er etwas falsch macht. Wenn Menschen erleben, dass sie nicht schuld sind, ist das eine enorme Entlastung. Sie brauchen nichts zu unterdrücken oder zu verdrängen. Wer sein Schamgefühl ständig unterdrückt, der gibt ihm immer mehr Macht. Wer dagegen das Versteckspiel aufgibt und es wagt, Ängste und Unsicherheiten auch mal zuzugeben, verlässt die Spirale aus Befürchtungen und vermehrter Selbstbeobachtung. Nur so kann die Panzermentalität überwunden werden. Wenn die anstrengenden Fassaden entkleidet werden, komme ich bei mir selbst an. Ich spüre mich wieder. Gesundheitliche Krisen müssen beachtet werden. Ich darf mir Hilfeleistungen gönnen. Und nicht selten entdecke ich irgendwann einmal den eigenen Lebensentwurf.

Leider werden Depressionen immer noch häufig von der Umwelt nicht als Krankheit gesehen.

Das Gefühl, nicht mehr dazuzugehören

Das Schlimmste in einer Burn-out-Phase ist für viele das Gefühl, nicht mehr dazuzugehören. Maja (42), Hausfrau und Mutter von drei Kindern, mailt mir: «Man gehört nicht mehr zu dieser Welt, nicht mehr zu diesem Leben. Rundherum fröhliche, gesunde Menschen und mittendrin ich, die Kranke. Aus der Gesellschaft herausgerissen, weil man nicht mehr gesund ist, nicht mehr funktioniert. Ich zwinge mich zu funktionieren. Damit will ich zeigen: He, ich bin noch dabei!»

In solchen Phasen glauben wir es uns nicht leisten zu können, andere in uns hineinschauen zu lassen. Statt unserem innersten Ausdruck zu geben, müssen wir ständig Eindruck machen. Wir nennen es heute «Image». Ich habe ein Bild von mir selbst. Ein Wunschbild von mir. Beim genauen Hinsehen merke ich aber: Es ist nicht meine ganze Wirklichkeit. Und dann versuchen wir, die Diskrepanz zwischen diesem gewünschten Selbstbild und dem erfahrenen Selbst irgendwie zu überwinden. Das kostet viel Kraft. Kraft, die an einem anderen Ort wieder fehlt. Wir sind ständig dabei, diese Diskrepanz zu überspielen. Gleichzeitig ist eine Sehnsucht in uns. Eine Sehnsucht, das Image zu durchbrechen, erkannt zu sein als der, der man wirklich ist.

Wir wissen, wie befreiend es sein könnte, Schwäche zugeben zu können. Die Furcht ist aber grösser, erkannt und dann abgelehnt zu werden. Selbstwert und Anerkennung gibt es in unserer Gesellschaft aber meist nur gegen Leistung. Gegen den Beweis, mithalten zu können. Ich leiste, also bin ich, also leiste ich. Diese Denkmuster sind uns vertraut. Wir haben sie übernommen und verinnerlicht. Überall stehen wir unter Bedingungen. Wir brauchen einen Ort, wo wir sein können, wie wir sind, und wo es gut ist, dass wir da sind. Wo wir transparent sein können und kein Image mehr brauchen, weil wir von einem Du bedingungslos geliebt und angenommen werden.

«Man gehört nicht mehr zu dieser Welt,
nicht mehr zu diesem Leben.»

THOMAS KNAPP

DIE KRALLEN DES RAUBVOGELS

Im folgenden Kapitel erzähle ich, wie ich meine Erschöpfungsdepression erlebt habe. Meine Geschichte soll Einblick in die kranke Seele von Betroffenen geben. Der Erfahrungsbericht ist in gekürzter Form identisch mit der Geschichte, die bereits in Buchform veröffentlicht wurde und als «Standardwerk für Burnout» *(Oltner Tagblatt)* bezeichnet werden darf (*Burn-out – In den Krallen des Raubvogels*, 2005, Verlag Textwerkstatt).

Zahlreiche Reaktionen von Angehörigen depressiv kranker Menschen haben mir gezeigt, dass mein Bild vom Raubvogel vieles erklärt. Ärzte verschreiben mitunter das Buch als Lektüre ergänzend zu der Psychotherapie. Deshalb dient es als Grundlage für dieses Kapitel. Ich habe bei einigen Abschnitten Erläuterungen und Wissenswertes aus meiner heutigen Sicht eingefügt. Mit meinen Erfahrungen will ich die Krankheit Angehörigen, Freunden und Arbeitskollegen von psychisch Kranken näher bringen. Ich habe nämlich selber miterleben müssen, wie auch die Familie unter meinem Zustand gelitten hat. Ich konnte aber nicht helfen, weil ich zu stark mit mir selber beschäftigt war.

Seit meiner Erschöpfungsdepression vor über drei Jahren habe ich mit zahlreichen Leidensgenossen und ihren Partnerinnen und Partnern gesprochen. Es sind wertvolle Kontakte entstanden. Gereift ist auch der Entschluss, etwas zur Enttabuisierung der Depression beizutragen. Dem folgenden Satz von Niklas Baer von den Kantonalen Psychiatrischen Diensten Basel-Landschaft ist eigentlich nichts mehr beizufügen: «Je mehr wir selbst unsere Defizite akzeptieren lernen, desto mehr können wir Menschen akzeptieren, die psychisch krank sind.» Das würde auch den Betroffenen helfen. Damit können viele Seelen vom Abgrund zurückgeholt werden.

Der 18. Oktober

Es ist Montagmorgen. Beim Frühstück schmeckt der Kaffee anders als sonst. Doch es ist derselbe Kaffee, den ich seit Monaten trinke. Ein bisschen Milch, keinen Zucker. Am schwarzen Gebräu kann es also nicht liegen, dass ich heute auch nach zwei Tassen nicht wach werde. Das Koffein zeigt keinerlei Wirkung. Ich bin erschöpft. Ich bin ratlos, hilflos und auch leicht verwirrt. Mehr noch als in den vorangegangenen Wochen. Und diese waren schon beklemmend. Frühmorgens beim Aufstehen dieselbe Frage: «Was ist mit mir los?» Die quälende Antwort: «Ich weiss es nicht.»

Der Ungewissheit will ich entfliehen. Aber allein schaffe ich es nicht. Ich brauche Hilfe. Und heute handle ich endlich. Ich telefoniere meinem Arzt und bitte um einen raschen Termin.

«Der Blutdruck ist zu hoch.» Der Arzt, den ich seit Jahren kenne, schaut mich warnend an. Trotz der täglichen Einnahme von Tabletten spielt der Wert verrückt. Ich muss diese Dinger schon seit drei Jahren nehmen, jeweils morgens eine halbe Pille. Und jetzt rät mir der Doktor, eine ganze zu schlucken. Aber ist der zu hohe Blutdruck der wirkliche Grund für mein nun schon wochenlang anhaltendes Tief? Ich wünsche es mir, denn eine bleierne Müdigkeit erdrückt mich beinahe. Sie erdrückt meine Gedanken und Gefühle. Sie erdrückt meine Familie und mein Umfeld. Sie zwängt sich in meinen Alltag. Ich fühle mich kraftlos und ausgelaugt. Ich bin selbst für mich unberechenbar geworden.

Ich bin oft schlecht gelaunt, gereizt, aufbrausend. Ich fühle mich nicht mehr als der, den ich eigentlich so gut zu kennen glaube. In meiner Haut steckt nicht mehr die ansteckende Fröhlichkeit. Im Spiegel schaut mich morgens oft ein fragendes und ratloses Gesicht an. Von Begeisterung keine Spur. Nein, das bin nicht ich. Aber wer bin ich dann? Was ist passiert? Antworten auf diese Fragen erhalte ich vorerst keine. Ich bin in einem Zustand der inneren Leere gefangen und weiss nicht, warum. Noch weniger weiss ich, wie ich dieser Niedergeschlagenheit entfliehen kann. Ich bin orientierungslos. Und ich habe Angst vor der Zukunft. Schon die Gegenwart erdrückt mich.

«Sie sind ausgebrannt.» Der Arzt sagt die drei Worte leise, aber bestimmt. Ich spüre die Krallen des Raubvogels in meinem Nacken. Sie bohren sich ganz tief in mein Fleisch. Der Schmerz ist stechend. Ich will schreien, bringe aber keinen Laut heraus. Ich habe soeben von einem Krankheitsbild erfahren, das mir bislang unbekannt war. Ich, Thomas Knapp, Journalist, Jahrgang 1961, habe das Burn-out-Syndrom. Auf dem Höhepunkt meiner beruflichen Karriere werde ich von ihm niedergerissen. Es ist der 18. Oktober. An diesem Montag hat sich mein Leben verändert.

Erläuterungen: *Es ist die Ungewissheit, die die Betroffenen plagt. Sie spüren, dass sie sich langsam in ihrer Persönlichkeit verändern, können diese Veränderungen aber vorerst nicht einordnen. Doch sie spüren auch ziemlich rasch, dass ihr Umfeld – Partnerin oder Partner, Freunde, Kollegen – überfordert ist. Aber sie sind so sehr mit sich selber beschäftigt, dass sie ihren Zustand nicht erklären können. Sie schweigen und leiden! Angehörige sind meist ratlos. Sie leiden ebenfalls. In einer Depression bauen viele Betroffene eine Mauer um sich herum. Nur wenige Menschen lassen sie an ihrem Zustand «teilhaben». Darüber sprechen können Betroffene lange Zeit nicht. Das macht die Situation auch für nahestehende Personen ganz schwierig.*

Gut zu wissen: *Depressive Menschen spüren, dass auch ihr Partner oder ihre Partnerin eine schwere Zeit durchmacht. Dass sie auf dessen/deren aufmunternde, belehrende oder verletzliche Worte nicht reagieren, liegt nicht an ihnen. Wer sich in dieser schwierigen Lebenslage befindet, ist stark mit sich selber beschäftigt. Versuchen Sie aber, dem Betroffenen eine Stütze zu sein, indem Sie zuhören, wenn er sprechen will, und schweigen, wenn er nicht reden will. Für mich war das Wichtigste: Ich spürte, dass mich meine Familie und Freunde weiterhin als wertvollen Menschen akzeptierten. Sätze wie «Du bist eine Null» oder «Du bist ein Schwächling» hätten mich noch tiefer in den Abgrund gerissen.*

Depressive Menschen spüren, dass auch ihr Partner oder ihre Partnerin eine schwere Zeit durchmacht.

Blick in die Vergangenheit

Ich stelle mir immer wieder die gleiche Frage. Warum bin ich in diese Situation geraten? Ich spüre, dass mir nur die Auseinandersetzung mit der Vergangenheit eine Antwort geben kann. Ich versuche, den Weg zum Burn-out und den Ausweg aus der Krankheit chronologisch nachzuzeichnen.

Seit 15 Jahren bin ich im Journalismus tätig. Im Spätsommer des Jahres 2001 wechselte ich zu einer neu lancierten Regionalzeitung im Raum Solothurn. Ein Team motivierter Journalistinnen und Journalisten engagierte sich mit viel Herzblut für dieses ehrgeizige Projekt.

Es war aber auch eine Zeit enormer Belastungen. Nicht über Wochen oder nur Tage. Sondern über Monate. Ein Ende war nicht abzusehen. Ich kann nur für mich sprechen: Ich habe dieses Ende auch nicht herbeigesehnt. Schon nach etwas mehr als einem halben Jahr hat der Kollege, der uns «auf den Boden» zurückholen wollte, die Redaktion wieder verlassen.

Es hätte uns eine Warnung sein sollen. Ich habe seinen Weggang zur Kenntnis genommen, ihn bedauert. Für mich persönlich hatte er aber keine Konsequenzen, ich fühlte mich wunderbar. Viel Arbeit, wenig Bewegung. Das Erstere war ich gewohnt, Stress gehörte zu meinem Berufsalltag. Ich genoss ihn sogar. Ich brauchte diesen Kick. Doch im Unterschied zu meiner vorherigen Anstellung bei einer anderen Regionalzeitung hatte ich weniger Freizeit. Ich wusste nie, wann die Arbeit beendet sein würde. Ich hatte keinen planbaren Alltag mehr. Dieser Umstand störte mich nicht. Es war meine persönliche Entscheidung, ich wollte es so. Mit allen Entbehrungen.

Der Job gab mir die nötige Befriedigung und Bestätigung. Das reichte mir. Es war eine egoistische Haltung. «Die Zeitung frisst dich auf!», sagte meine Frau des Öfteren. Ich lachte nur. «Wenn ich eine Sache mache, dann richtig», konterte ich ihre Bemerkungen. Das Rennvelo hatte ich längst verkauft, dafür versuchte ich, jeden Samstag zu joggen. Die Samstage aber lagen je länger, je weiter auseinander. Mir fehlte die Motivation. Dafür glotzte ich stundenlang in den Bildschirm des Computers. Auch in den eigenen vier Wänden. Sitzen statt schwitzen. An diesen Zustand gewöhnte ich mich ziemlich rasch. Er machte mich nicht unglücklich.

Auf der Redaktion fand ich die Erfüllung als Schreiber, später als Produzent. Ich war zufrieden, hatte den tollsten Beruf im besten Team der Welt. Und meinte, ohne mich käme morgen keine Zeitung heraus. Ja, ich hielt mich für unentbehrlich.

Die Familie war zwar ein Hort des Ausruhens und des Ausgleichs. Sie war einfach nur da, das genügte mir. Ich stellte keine grossen Ansprüche an sie. Die Familie sah es anders: Ich war nicht viel zu Hause. Stand meine Tochter frühmorgens auf, war ich längst weg. Und wenn ich spätabends heimkehrte, schlief sie meistens schon. So blieben noch die Wochenenden. Doch in diesen freien Stunden suchte ich meine Ruhe und Entspannung. Ich frönte dem Nichtstun. Auf einen unternehmungslustigen Ehemann und Vater konnten meine Frau und meine Tochter nur gelegentlich zählen.

Nicht nur meiner Frau war aufgefallen, dass ich mich verändert hatte. Auch ein guter Kollege konfrontierte mich mit der Bemerkung, dass ich nicht mehr der Gleiche sei wie früher. «Nicht mehr der Gleiche wie früher», brabbelte ich diesen Satz nach. Und dann nochmals. Ich wollte nicht, dass sich jemand mit meinem Innenleben beschäftigte. Wenn mit mir etwas nicht stimmen sollte, hätte dies einen simplen und deshalb auch erklärbaren Grund. Und ich würde bald wieder der Alte sein. Ich reagierte gereizt. Vielleicht dümpelte ich nur zwischenzeitlich in einem unruhigen Fahrwasser. Vielleicht würde mir der Kollege diesen Satz morgen oder dann spätestens übermorgen nicht mehr an den Kopf werfen. Oder war es letztlich der Kollege selbst, der sich verändert hatte? Ich bin der Gleiche geblieben! So dachte ich damals. Trotzig hielt ich daran fest.

Ich ignorierte die Warnungen. Ich fühlte mich gut. Vielleicht reagierte ich in einigen Situationen anders, als man es von mir gewohnt war. Aber verändert sich nicht jeder Mensch mit dem Älterwerden? «Nicht mehr der Gleiche wie früher.»

Und ich war obendrein auf meinem Karrierehöhepunkt angelangt. Ich hatte einen der begehrtesten Jobs im Sportjournalismus gefunden. Eigentlich lief alles wie am Schnürchen. Ich wurde vom Glück verfolgt und verwöhnt. So dachte ich damals. Ich sah noch keinen Raubvogel über meinem Kopf kreisen. Doch er muss mich mit seinen Adleraugen schon längst ins Visier genommen haben.

In jener Zeit nämlich, als ich meinen Abgang beim *Tagblatt* bekanntgegeben hatte, fühlte ich mich gelegentlich schlapp. Beim Aufstehen manchmal sogar ein bisschen unmotiviert. Ein für mich bislang unbekanntes Gefühl. Denn Arbeit bedeutete für mich vor allem Vergnügen. Bis dahin waren die Tage an einer Hand abzuzählen, an denen ich missmutig zur Arbeit gefahren war. Und nun diese Unlust. Ein Hauch von Unsicherheit begleitete mich fortan durch die Wochen. Als ob ich eine Vorahnung gehabt hätte, was noch alles auf mich zukommen würde.

Während der Arbeit plagten mich plötzlich gesundheitliche Probleme. Es fing ganz harmlos mit Nackenschmerzen an. Dann hämmerte es in meinem Kopf, dass mir angst und bang wurde. Kleine Stiche durchzuckten wie Blitze meinen Körper. Es tat weh, war unangenehm. Und das Schlimmste: Ich stellte fest, dass meine Sehkraft zwischenzeitlich nachliess und der Bildschirm zu flimmern begann. Ich drückte die Augen fest zusammen, um das Geschriebene beim erneuten Hingucken wieder klarer zu erkennen. Die verschwommenen Momente traten aber immer öfter auf. Sie beunruhigten mich. Sie trübten meine Sinne.

Die Kopfschmerzen verschwanden, wie sie gekommen waren. Alles schien gut. Nur ich begriff weiterhin nicht, was der Körper mir wirklich sagen wollte. Denn die Nackenschmerzen tauchten immer wieder auf. Nicht allzu oft zwar, aber wenn, dann verspannte sich die Muskulatur einige Tage.

Zweimal im Monat schlüpfte ich in dieser Phase bereits um acht Uhr abends unter die Bettdecke. Es machte mir eigentlich nichts aus, zur gleichen Zeit wie meine achtjährige Tochter schlafen zu gehen. Ich brauchte diese Erholung, auch wenn ich nach Mitternacht gelegentlich wieder aufwachte. Ich glaubte, meinem Körper das zu geben, wonach er immer häufiger verlangte: viele Ruhestunden. Dass mein Körper noch viel mehr von mir forderte, wurde mir erst später bewusst.

Erläuterungen: *Ich habe mich gut gefühlt, sehr gut sogar. Zu jener Zeit gab es aber schon Signale, die mich auf die bevorstehende Talfahrt hätten aufmerksam machen sollen. Etwa die Warnung des stellvertretenden Chefredaktors, die Sorge meiner Frau – «Die Zeitung frisst dich auf!» – oder die Feststellung meines Kollegen: «Du hast dich verändert.» Ich habe mich der Arbeit mit Haut und Haaren hingegeben. Ich habe auf die Bedürfnisse meiner Familie und Freunde wenig Rücksicht genommen – ich hatte ja selber auch keine Bedürfnisse. Für mich stimmte mein Alltag damals.*

Ich habe viele Menschen kennengelernt, die auch vom Raubvogel bedroht wurden. Die meisten von ihnen haben ähnlich reagiert. Sie haben ihre Schwäche verdrängt, haben sich eingeredet, dass es ihnen gut geht. Ein Entkommen aus der sich nach unten drehenden Spirale ist sehr schwierig. Auch deshalb, weil es ein schleichender Prozess ist. Er kann Monate oder gar Jahre dauern.

Sieben Monate vor meinem Zusammenbruch traten körperliche Beschwerden auf. Müdigkeit, Sehprobleme, Verspannungen, Verdauungsstörungen, Schlaflosigkeit, Übelkeit. Ich war oft gereizt. Ich habe die Signale ignoriert. Ich bin ein positiv denkender Mensch. Auf jeder schwarzen Wand sah ich in meinem bisherigen Leben immer einige helle Punkte.

Auf die körperlichen Beschwerden reagierte ich trotzig. Ich wollte meinen geschwächten Körper wieder mehr Bewegung gönnen. Also beschloss ich, wieder Sport zu treiben. Ich erinnerte mich daran, dass mir früher die langen Radtouren gefallen hatten und einen Ausgleich zum Berufsalltag darstellten. Ich wollte auch bei meinem neuen Arbeitgeber eine «gute Figur» abgeben. Doch es passierte bereits vor der ersten Joggingrunde. Im Garten verdrehte ich mir den linken Fuss – Bänderriss! Wer psychisch und physisch angeschlagen ist, der verträgt wohl viel weniger. Jetzt wäre der Zeitpunkt gekommen, mich drei Monate bis zum Jobwechsel krankschreiben oder freistellen zu lassen. In dieser Zeit hätte ich die Chance gehabt, mich zu erholen. Ich tat es nicht! Ich wollte mir und wohl auch anderen beweisen, wie gut ich bin.

***Gut zu wissen:** Als Angehörige spüren Sie am ehesten, wenn sich Ihr Partner oder Ihre Partnerin verändert. Vielleicht klagt er oder sie zwischenzeitlich über körperliche Beschwerden wie Nackenschmerzen, Verspannungen, Schlafstörungen. Oder Sie* *stellen Lustlosigkeit, Gleichgültigkeit oder Zynismus fest. Suchen Sie das Gespräch, reden Sie über Ihre Gefühle und Feststellungen – auch wenn Sie oft nur ein Schulterzucken ernten oder ein «Mir geht es ja gut» hören. Versuchen Sie, Ihren Liebsten, Ihre Liebste dazu zu bewegen, einen Arzt aufzusuchen. Ein kleiner Trick: Wann hat Ihre Partnerin oder Ihr Partner letztmals einen Gesundheitscheck machen lassen? Ich behaupte heute, nach vielen intensiven Gesprächen mit Betroffenen und Angehörigen: Die beste Prävention wären – mit Betonung auf dem Konjunktiv – Ehefrau, Freunde oder auch gute Arbeitskollegen. Sie spüren Veränderungen bereits dann, wenn es der leidenden Seele scheinbar noch sehr gut geht. Aber eben: Die beste Prävention nützt nur etwas, wenn Ratschläge und Feststellungen bei den Betroffenen auch ankommen.*

Zum Glück nahten die «richtigen» Ferien. Vor meinem Jobantritt in Zürich konnte ich drei Wochen Kraft tanken. Ich spürte, dass ich diese Zeit brauchen würde. Wir genossen die meiste Zeit im Garten unseres Hauses. Komisch nur, dass ich nie das Gefühl hatte, mich überhaupt richtig zu erholen. Die Batterien schienen sich einfach nicht wieder aufzuladen. Im Gegensatz zu einem Auto kann man die Batterie beim Menschen nicht auswechseln. Man kann nicht den Deckel aufklappen und mit Werkzeug hantieren. Ich brauchte meine Energie wohl für die Genesung meiner Bänder, sprach ich mir selber Mut zu. An etwas Schlimmeres dachte ich nicht. Man will ja keine Schwächen zeigen. Schon der leiseste Anflug von «Ich kann nicht mehr» wäre ein solches Eingeständnis gewesen. Was blieb, war ein ungutes Gefühl – und immer diese bleierne Müdigkeit. Ich war in einem Zustand der inneren Leere gefangen. Dennoch freute ich mich auf die neue Herausforderung im Beruf. Als positiv denkender Mensch versuchte ich es zumindest. Ich wollte mich der neuen Aufgabe mit einer gesunden

Portion Optimismus stellen. So, wie es eigentlich meinem Charakter entspricht.

Erläuterungen: *Meine Familie konnte die Ferien mit mir nicht geniessen. Ich war ungewohnt nervös und gereizt. Ende Ferien war ich gleich erschöpft wie zu Beginn des Urlaubs. Mein Körper schien zu sagen: «He, pass auf! Du bist nicht in der Lage, in diesem Rhythmus weiterzumachen. Gönn dir eine Pause.» Doch damals verstand ich die Sprache meines Körpers nicht. Ich vertraute meinen Fähigkeiten, die sich seit Jahren bewährt hatten. Arbeiten, arbeiten, arbeiten ...*

Gut zu wissen: *Es ist schwierig, als Angehöriger «eine Diagnose» zu stellen. Lustlosigkeit oder Gereiztheit können viele Gründe haben. Aber wenn Ihr Mann oder Ihre Frau Nacht für Nacht schlecht schläft, müssen Sie handeln. Denn die Schlaflosigkeit wird schon bald auch Sie erfassen. Sie liegen im Bett und hören, wie jemand neben Ihnen weint. Und plötzlich werden Sie davon angesteckt. Oft werde ich gefragt: «Wie spüre ich, wenn es meinem Mann schlecht geht?» Ich antworte dann jeweils: «Sie kennen Ihren Partner am besten ...» Selbstverständlich verstehe ich die Frage schon. Es geht einfach noch darum, eine Bestätigung für die eigenen Beobachtungen zu erhalten. Denn es ist nicht einfach, seinen Partner mit der eigenen Wahrnehmung zu konfrontieren. Wer sich noch gut fühlt, tut dies sofort als übertrieben ab. Mein Ratschlag: Auch wenn Sie immer und immer wieder gegen eine Mauer rennen, rennen Sie weiter. Plötzlich tut sich doch noch ein Loch auf, und Sie erreichen Ihren Partner.*

Ein mulmiges Gefühl begleitete mich auf dem Weg zum ersten Arbeitstag. Dieses Gefühl kennt aber jeder; vor einer Prüfung, einem wichtigen Treffen oder eben einem Jobwechsel. Also nichts Aussergewöhnliches. Was erwartet mich? Dieser Frage stellte ich meinen Tatendrang gegenüber. Ich spürte dieses Kribbeln, das es braucht, um Höchstleistungen zu vollbringen. Der Journalismus ist mir vertraut. Und die Arbeitsabläufe würde ich schnell kapieren. Daran zweifelte ich eigentlich keine Sekunde. Ich wusste, was ich konnte. Ich wusste auch, was ich wollte. Ich hatte meine Messlatte ziemlich hoch gesetzt. Ich kannte meine Stärken. Also setzte ich auf der Skala noch einen Zacken obendrauf.

Trotz des geglückten Starts begleitete mich ein leises Unbehagen durch die folgenden Tage. Ich fühlte mich manchmal eingeengt, wie in einem Korsett. Ich konnte mich nicht nach Wunsch entfalten. Diese Enge spürte ich zuerst beim Leiten von Sitzungen. Dreissig Augenpaare und gelegentlich einige Paare mehr fixierten mich an der Frontseite des langen Tischs. Und dass ich, als Neuer, von einigen alteingesessenen Redaktoren vor aller Augen «getestet» wurde, schien mir normal. Es waren jene Momente, wo ich mir aber die Gelassenheit gewünscht hätte, die ich in letzter Zeit so schmerzlich vermisste.

Die Messlatte, die ich selber justiert hatte, war nicht mehr gültig. Spätestens zu diesem Zeitpunkt hätte ich meine eigenen Erwartungen nach unten schrauben müssen. Ich tat es nicht. Ich wollte nicht schwächeln, auch wenn über mir immer diese bleierne Müdigkeit schwebte. Ich musste mich zusammenreissen. Ich sprach mir Mut zu. Ich würde dieses Tal durchschreiten. Da käme ich wieder raus. Meine positive Einstellung würde mir dabei helfen. Doch sie half mir nicht wirklich. Vorerst blieb ich hartnäckig in meinem gewohnten Trott.

Meiner Familie gegenüber konnte ich meine Verfassung nicht verheimlichen. Ich war beunruhigt, aber noch nicht besorgt. Denn es gab auch Tage, an denen ich mich auf der Redaktion ziemlich wohl fühlte. Aber diese Tage waren leider selten und wurden im Laufe der Zeit immer seltener. Und damit stieg auch der Druck.

Ich plagte mich ziemlich erschöpft durch die Tage und Nächte. Mit dem Einschlafen hatte ich noch am wenigsten Probleme. Doch es gab keine Nacht, in der ich durchgeschlafen hätte. Mein Körper suchte zwar den Tiefschlaf, doch er fand ihn nicht mehr. Schlafprobleme waren mir bis dahin fremd gewesen.

«Einfahrt des Intercity ohne Halt bis Zürich, Perron 2. Erste Klasse und Restaurant Sektoren B und C, zweite Klasse Sektoren A und D.» Die Lautsprecherdurchsage weckte mich aus meiner Lethargie. Ich äugte nach einem leeren Abteil. Ich war froh, wenn ich mich während der Bahnfahrt mit niemandem austauschen musste. Traf ich aber einen Bekannten, blieben die Gespräche an der Oberfläche. Blabla eben. Der Rest war Schweigen. Ich wollte meine Fassade bewahren. Ich wollte mein Inneres von den neugierigen Blicken schützen. Wenn mich jemand fragte, wie mir die neue Stelle gefalle, nickte ich meist nur kurz, um zu signalisieren, dass ich die Frage verstanden habe. «Nicht schlecht», hörte ich mich noch sagen. «Es ist halt schon eine spezielle Herausforderung.» Ich hatte nicht gelogen.

Ich war auch nicht erleichtert, als der Lautsprecher «Nächster Halt Zürich» ankündigte und der Zug jeweils nach einer halben Stunde Fahrzeit im Hauptbahnhof einfuhr. Denn im Abteil fühlte ich mich trotz der schwarzen Momente und der vielen Bilder gut aufgehoben. Dort war ich nämlich allein. Und blieb, nachdem der Zug in Zürich im Hauptbahnhof zum Stillstand gekommen war, noch einige Sekunden sitzen. Denn ich wusste: Draussen hatte es viele Menschen. Grosse, kleine, gestresste, ruhige, schweigsame, gesprächige. Sie verunsicherten mich. Ja, sie machten mir Angst.

Erläuterungen: *Ja, ich hatte Angst vor Menschen. Ich fürchtete mich vor ihnen. Ich spürte nun selber, dass mit mir etwas nicht stimmen konnte. Ich trat einen neuen Job an und legte meine Messlatte gleich noch einen Zacken höher. Doch ich war schon damals nahe am Ausbrennen, ohne dass ich mir dessen bewusst gewesen wäre. Als Perfektionist, als Ja-Sager und gewissenhafter Mensch führte ich das Wort «Schwäche» damals nicht in meinem Vokabular.*

Gut zu wissen: *Ich weiss nicht, ob Ihre Partnerin oder Ihr Partner zu Hause über diese plötzlich aufkommenden Phobien spricht. Ich habe es nicht getan. Bleiben Sie hartnäckig, wenn Ihr Partner nicht reden mag. Versuchen Sie ihm zu zeigen, dass Sie ihn gern verstehen würden. Vielleicht wird er über seine Ängste sprechen. Irgendwann wird es aus ihm herausbrechen wie ein Wasserfall. Bei Ihnen darf er Schwäche zeigen, im Berufsalltag nicht. Leider.*

Es war an einem Mittwoch im Oktober. Eine halbe Stunde vor Sitzungsbeginn um halb zwölf habe ich auf der Redaktion in die WC-Schüssel gekotzt. Ich musste mich übergeben. Und ich fühlte mich danach nicht besser. Im Gegenteil.

«Du bist bleich», sagte mir ein Kollege. Ich entgegnete ihm, dass ich mich nicht wohlfühlte. Aber es gehe schon. So leicht wollte ich mich nicht unterkriegen lassen. Ich wusste, was ich zu leisten im Stande bin. Ich habs während Jahren bewiesen. Nicht nur mir, sondern auch anderen. Das ist im Hirn eingebrannt wie auf einer CD. Es ist die Normalität, an der ich mich orientierte. Eine Messlatte sozusagen. Im Bedarfsfall konnte ich auf diese CD zurückgreifen.

Während Wochen konnte ich meine Leistungsgrenze beim «Blick» aber nicht mehr annähernd erreichen. Zuletzt schöpfte ich wohl nur gerade zwei Drittel meiner Möglichkeiten aus. Das Leiten von Sitzungen bereitete mir zusehends Mühe. Die tägliche Arbeit ging mir nicht mehr gewohnt locker von der Hand. Entscheidungen zögerte ich so lange wie möglich hinaus. Ich schien an meinem eigenen Druck zu zerbrechen. Ich war zum Zauderer geworden. Selbst beim Redigieren von Texten verfolgte mich diese Unsicherheit. Die Souveränität war mir abhanden gekommen. Ich verlor die Kontrolle über mich. Der Druck, den ich mir selber auferlegt hatte, war spürbar zu stark. Ich fühlte mich ziemlich hilflos und zudem heillos überfordert. Und ich hatte Angst, mein Körper zitterte zuweilen unter dieser Last.

Mein «Motor» lief zwar vermeintlich hochtourig, auf die Leistung hatte dies allerdings wenig Einfluss. Ich vergleiche diesen Zustand mit einem Formel-1-Auto. Die PS-starken Motoren liessen zwar weit höhere Tempi zu, aber das Auto fährt nicht schneller als ein Kleinwagen. So fühlte ich mich beim Arbeiten. Und die Kluft zwischen dem eigenen Anspruch und der Wirklichkeit wurde immer grösser. Darüber habe ich am Tag, als ich mich übergeben musste, mit meinem Vorgesetzten gesprochen. Er versuchte, mich zu beruhigen. Da sei wohl nur vorübergehend. Vielleicht hätte ich auch nur etwas Verdorbenes gegessen. Ich hoffte, wie immer in den letzten Tagen. Vergeblich. Das persönliche Gefühl der Anstrengung stieg, während die Qualität der Leistung sank. So jedenfalls nahm ich meine Situation wahr.

Von der Hoffnung «Es wird schon wieder besser werden» musste ich zwangsläufig Abstand nehmen. Es wurde nicht besser.

Erläuterungen: *Es ist so eine Sache mit der Überforderung. Lange Zeit habe ich meine Energien verschleudert, nur um meine Schwäche zu verbergen. Dabei habe ich eine der schlimmsten Erfahrungen gemacht: Ich konnte meinen eigenen*

Erwartungen nicht mehr gerecht werden. Ich habe vor Sitzungen gezittert, ich habe mich in der Toilette übergeben müssen. Zuerst habe ich mich von Tag zu Tag gerettet, später von Stunde zu Stunde. Ich konnte mir also nicht mehr genügen – und wohl auch dem Arbeitgeber nicht. Texte redigieren, Titel setzen, Themen planen und setzen – das alles ging nicht mehr locker von der Hand. Ich spürte die ständige Überforderung.

Gut zu wissen: *Diese Überforderung muss ein Vorgesetzter irgendwann mitkriegen. Ich habe die Erfahrung gemacht, dass bei vielen Führungskräften der vordere Wortteil gleich weggelassen werden könnte. Sie haben nur eine Rolle, führen können sie aber nicht. Doch es gibt genügend Anzeichen, dass ein Mitarbeiter überfordert und seinen Aufgaben nicht mehr gewachsen ist.* *(Siehe auch «Ratgeber für Personalfachleute», Seite 122)*

Im Oktober konnte ich einige Kompensationstage beziehen. Noch nie habe mich so sehr auf einen Urlaub gefreut. Ich fühlte mich im wahrsten Sinne des Wortes «ausgepowert». Ich war kraftlos, saftlos, mutlos und ratlos. Ich hielt mich an den bevorstehenden Freitagen fest. Ich hoffte, aus diesem endlos scheinenden Tunnel zu kommen. Einmal mehr.

Wir fuhren in die Berge. Dass ich in den folgenden Nächten weiterhin schlecht schlief, schrieb ich dem unbequemen Hotelbett zu. Auch meine Frau schlief schlecht. Die halbe Woche war noch nicht rum, da spürte ich, dass ich mich nicht erholen würde. Ich kannte dieses Gefühl bereits von den letzten Ferien her. Nichts ging mehr. Meine Frau forderte mich energisch dazu auf, endlich den Arzt zu konsultieren. «Mit dir stimmt etwas nicht», sagte sie. «Es wird schon wieder», antwortete ich. Dieser Dialog war mir bekannt. Aber ich wollte einfach allein sein.

Sonntag, 17. Oktober:
Seit dem Bänderriss vor rund vier Monaten war ich nie mehr gelaufen. Die Verletzung war inzwischen ausgeheilt. Nur gelegentlich spürte ich noch ein leichtes Zwicken im Fuss. Oder ich bildete es mir ein. Jedenfalls wollte ich an diesem nebligen Sonntagmorgen eine Runde im Wald laufen. Ich kenne diesen Wald in- und auswendig. Als Kinder hatten wir dort oft «Räuber und Poli» gespielt. Ich kenne die vielen Wege und Abzweigungen. Und auch die Abkürzungen. Der Wald lag an diesem Morgen so vor mir, wie ich ihn aus meiner Jugendzeit in Erinnerung hatte.

Aber ich hatte mich verlaufen. Ich hatte plötzlich die Orientierung verloren. Ich war über zwei Stunden unterwegs. Meistens im Schritttempo. Denn schon nach einer Viertelstunde musste ich völlig entkräftet innehalten. Mir wurde schwindlig, mir wurde schwarz vor Augen. Ich torkelte noch einige Meter und setzte mich dann auf einen am Boden liegenden Baumstamm. Ich weiss nicht, wie lange ich mich dort ausgeruht hatte. Mir kam es vor wie eine Ewigkeit. Zu Hause machte sich meine Frau Sorgen, wie sie mir später erzählte. Sie überlegte, welchen Suchtrupp sie losschicken sollte. Ich fand den Heimweg wieder. Ich setzte mich auf die Steintreppe, die zur Haustüre führt. Der Puls hämmerte. Ich atmete schwer. Es klang wie ein Röcheln.

Erläuterungen: *In meinem Buch habe ich die Episode im Wald noch bewusst abgekürzt. Sie kam mir nämlich selber ziemlich unwirklich vor; damals, als ich aus der Seele heraus den Raubvogel beschrieben habe. Es stimmt, dass ich nach rund einer Stunde wieder «zu mir kam». Aber nicht an jenem Ort, wo ich mich hingesetzt hatte, sondern etwa hundert Meter davon entfernt. Ich weiss heute nicht, wie ich von A nach B gekommen bin. Ich weiss nur, dass diese Stunde immer in meinem Leben fehlen wird.*

Gut zu wissen: *Verwirrt und orientierungslos sind auch Sie als Angehörige. Das kann so weit gehen, dass Sie sich selber Vorwürfe machen: «Was habe ich bloss falsch gemacht?» Sie trifft keine Schuld. In dieser schwierigen Situation ist es wichtig, dass Sie gut zu sich selber schauen. Sprechen Sie mit Freunden, der Familie über die Angelegenheit. Fressen Sie nicht alles in sich hinein. Auch Sie haben das Recht, einen Facharzt aufzusuchen. Denn Sie sind einer grossen Belastung ausgesetzt, die in einer ständigen Überforderung enden könnte.*

Am Abend sass ich im Wartezimmer der Praxis. Ich musste mich gedulden, drei Patienten waren noch vor mir an der Reihe. Ich blätterte desinteressiert in Zeitschriften. Mein Blick blieb nur an den grossen Buchstaben und den fett gedruckten Wörtern haften: «Vitaminmangel», «Alternative Heilmethoden», «Stressabbau».

Es dauerte, bis ich zur Sprechstunde gerufen wurde. Auf einen Schlag verflog meine Müdigkeit. Ich war hellwach. Ich wurde «schuldig gesprochen». Nicht von einem Richter, sondern von einem Arzt. «Sie sind ausgebrannt.» Ich schaute ihn fragend an, schwieg nun, nachdem er mich zuvor viel hatte reden lassen. Er erklärte, gab mir Ratschläge, sprach mir Mut zu. Ich vertraute ihm. Es blieb mir nichts anderes übrig. Denn ich spürte, dass ich diesen Weg nicht allein schaffen würde. Ich brauchte jemanden, der mich auf diesem dunklen Weg begleitete. Allein wäre ich überfordert gewesen.

«Es wird schon wieder», verabschiedete mich der Doktor. Die Worte wirkten beruhigend. Der Wartesaal war inzwischen menschenleer. Draussen empfing mich Nieselregen. Den Regenschirm spannte ich nicht auf. Ich hoffte, die sanften Tropfen würden meine verwirrten Gedanken wegspülen, damit ich wieder klar denken konnte. Ich wollte aus diesem dunklen Loch hervorkriechen, in das ich gefallen war.

Ich suchte das nächste Restaurant auf und bestellte mir ein Bier. Danach noch eines und ein weiteres. Ich fühlte mich besser, weil der Alkohol meine Wahrnehmung trübte. Für einen Moment hatte ich eine fröhliche Stimmung. «Ich und krank? Niemals!» Doch die Wirkung hielt nicht lange an.

Mein Selbstwertgefühl raste in den Keller. Ich zweifelte, überlegte und zweifelte wieder. Ich hatte aber gleichwohl keine andere Erklärung für meinen Zustand. Ich litt weiter. Hoffte auf irgendeinen harmlosen Erreger, der sich in meinem Körper eingenistet hatte. Der verantwortlich war für meine seelische und körperliche Erschöpfung. Ich hoffte, der Raubvogel sei nur eine vorübergehende Einbildung. Und die bleierne Müdigkeit verschwände mit dieser auch bald wieder. Doch der Raubvogel hatte mich mit seinen scharfen Krallen bereits gepackt. Und er wollte mich nicht mehr loslassen. Je mehr ich mich zu wehren versuchte, desto heftiger bohrten sich die Krallen ins Fleisch.

Das Blut, das mir der Arzt am Montagabend abgezapft hatte, wurde im Labor untersucht. Er riefe mich in den nächsten zwei Tagen an, sollte mit den Werten etwas nicht stimmen, versprach mir der Doktor. Das Warten begann.

Dienstag, Mittwoch. Ich zuckte bei jedem Klingelgeräusch zusammen. Und während dieser zwei Tage kam das etliche Male vor. Doch ich hörte nie die Stimme des Arztes am anderen Ende der Leitung. Dann, am dritten Tag, rief er an. Die Blutwerte waren im Gegensatz zum Blutdruck normal. Ich konnte aufatmen.

Wenigstens kein Krebs oder sonst eine heimtückische Krankheit, dachte ich damals. Aber immer wieder wurden diese Gedanken von anderen verdrängt. Von ganz trüben Einbildungen. Es gab jene Momente, in denen ich es als angenehmer empfunden hätte, in einem Spitalbett zu liegen: mit einem Gipsbein, einem Kopfverband oder mit Schläuchen an eine Maschine angeschlossen. Dann wäre ich nämlich sofort als kranker Mensch erkannt worden. Erklärungen wären unnötig gewesen, ich hätte meine Ruhe gehabt vor all den bohrenden Fragen und den verständnislosen Blicken. Ich hätte Blumen bekommen, die besten Genesungswünsche oder eine Flasche Heida-Wein, den ich so gern trinke. Jetzt fühlte mich allein und von der Welt im Stich gelassen. Himmeltraurigelend siechte ich mich durch den Alltag, gefangen in einer leblosen Hülle.

Ich lag nicht im Spitalbett. Ich hatte kein Gipsbein und keinen Kopfverband. Und ich wurde auch nicht auf der Intensivstation gepflegt. Aber ich war krank. Diese Wunde liess sich nicht mit einem Pflaster heilen. Ich spürte den Riss, der nicht sichtbar war. Nur ein Attest bestätigte: Ich war wirklich krank. «100 Prozent arbeitsunfähig», kritzelte der Arzt auf den weissen Zettel, den ich an jenem Montag auf dem Heimweg während der Zugfahrt ein paar Mal aus dem Portemonnaie klaubte. Auf einem Blatt Papier stand schwarz auf weiss, was ich nicht verstehen konnte.

Erläuterungen: *Ich weiss, wie sich depressive Menschen fühlen. Sie fühlen sich meist nicht verstanden, ja sie spüren, dass sie nicht ernst genommen werden. Die Krankheit sieht man ihnen nicht an. Sie haben kein Gipsbein oder keinen Kopfverband. Gern zitiere ich wieder Niklas Baer. Er hat in meinem zweiten Buch* (Burn-out – Mutmacher für Chefs und Angestellte) *unter dem Titel «Warum ist psychische Krankheit ein Tabu?» geschrieben: «Die meisten von uns erleben zwischendurch körperliche Erkrankungen – warum sollte dies bei psychischen Erkrankungen anders sein? Erstaunlich ist vielmehr, wie sehr psychische Krankheit nach wie vor ein Tabu ist, obwohl sie so häufig ist, dass wir alle sie eigentlich aus* *nächster Nähe kennen müssen. Vielleicht ist es aber genau deswegen nicht erstaunlich? Psychisch plötzlich nicht mehr hundertprozentig zu funktionieren, ist eine beunruhigende Erfahrung, die Angst macht. Viele Menschen vermeiden eine echte Konfrontation mit diesem Thema, weil sie Angst haben, dass sie dann vielleicht selbst krank werden. Das werden sie dadurch natürlich nicht (...) Wenn wir das Problem benennen, ist es sofort schon gar nicht mehr so bedrohlich. Damit tun wir nicht nur uns selbst einen Gefallen, sondern auch all jenen Menschen, die an einer psychischen Störung leiden: Je mehr wir selbst unsere Defizite akzeptieren lernen, desto mehr können wir Menschen akzeptieren, die psychisch krank sind.»*

Gut zu wissen: *Niklas Baer hat in wenigen Sätzen beschrieben, warum psychische Störungen nach wie vor ein Tabu sind. Ich fasse seinen Text in einem einzigen Satz zusammen: «Wenn wir unsere Schattenseiten akzeptieren, werden wir psychisch stabiler.» Versuchen Sie als Angehöriger, Freund oder Arbeitskollegin, sich selber richtig einzuschätzen. Sie haben viele Schwächen. Stehen Sie dazu. Ich weiss, das ist ein langer Prozess. Manchmal ist er auch schmerzhaft, weil es nicht einfach ist, sich selber Schwächen einzugestehen. Schaffen Sie es aber, entwickeln Sie eine wunderbare Empathie. Und diese wiederum hilft im Umgang mit depressiven Menschen.*

Ich fühlte mich in den ersten Wochen nach dem 18. Oktober nur noch in unserem Haus geborgen. Dort konnte ich mich zurückziehen. Es ist gross genug, um sich zu «verstecken». Es gibt kein Treppenhaus, wo man wie bei einer Mietwohnung immer wieder Nachbarn trifft. Ich war allein mit mir und meinem Problem. Aber ich suchte diese Einsamkeit. Ich scheute den Kontakt selbst zu guten Freunden. Ich schirmte mich von der Aussenwelt ab. Nur meine Familie war da, liess mich aber in Ruhe, wenn ich allein sein wollte. Und zeigte auch Einfühlungsvermögen für meine unberechenbaren Stimmungen zwischen himmelhoch jauchzend und zu Tode betrübt. Das war nicht ich, der da durchs Wellental der Gefühle rauschte. Das wusste ich. Und das wussten auch meine Lieben.

Ich bewundere meine achtjährige Tochter, wie sie mit meiner Krankheit umgegangen ist. Sie stellte keine «dummen» Fragen, auch wenn sie sehr neugierig ist. Sie lauschte den Gesprächen der Eltern, spürte, dass ich nicht gut drauf war. Ich machte erst gar nicht den Versuch, mich zu verstellen. Das hätte meine Tochter sowieso gemerkt. Wenn sie von jemandem nach Papi gefragt wurde, antwortete sie keck: «Er arbeitet nun halt viel im Büro zu Hause.» Für meine Tochter war ich nicht krank, nur weil ich morgens nicht wie gewohnt das Haus verliess. Sie sah es positiv. Ich sass daheim, hatte Zeit, mit ihr zu spielen. Sie genoss meine ständige Anwesenheit. Sie fragte mich einmal, ob ich nun immer zu Hause arbeiten würde? Es klang wie ein Wunsch. Aber ich spürte, dass diese Frage in Zusammenhang mit meinen Versäumnissen in der Vergangenheit stand. Ich hatte meiner Tochter viel zu wenig Zeit gewidmet. Sich das einzugestehen, schmerzt auch.

Nun spielten wir oft zusammen. Etwa «Eile mit Weile». Irgendwie passte dieses Spiel zu meinem Gemütszustand. Mal läuft es prächtig, man würfelt sich in den Himmel. Oft aber wird man eingeholt und muss wieder ganz von vorn beginnen. Und nur manchmal hat man Zeit, sich auf einer Bank etwas auszuruhen. Fast wie im richtigen Leben.

Ich versuchte in diesen dunklen Tagen, nicht einfach herumzusitzen. Ich versuchte, nicht in Selbstmitleid zu verfallen, um ja kein Bild des Jammers abzugeben. Es ist mir nicht schlecht gelungen. Auch dank meiner Familie. Sie hat mir die schönen Seiten des Lebens jeden Tag von neuem gezeigt. Sie gab mir

Kraft und Lebensmut. Sie gab mir auch das Gefühl, gebraucht zu werden. Ein unbeschreibliches Gefühl. Und ich versuchte, der Familie auch in den schweren Stunden ein Vorbild zu sein. Was nicht immer einfach war. Ich war oft gereizt, ja sogar ziemlich «ungeniessbar». Meine Frau liess sich verständlicherweise von meinen Launen gelegentlich anstecken. Die Ungewissheit, wie es in unserem Leben weitergehen würde, bohrte sich in unsere Köpfe ein. Ein Haus, mit Hypotheken belastet, ein Mann, gezeichnet von körperlicher und seelischer Erschöpfung – das zehrte an ihren Nerven. Sie war eine Stütze. Sie hörte zu, wenn ich reden wollte, sie schwieg, wenn ich nicht zuhören mochte. Was nicht selten vorkam.

Und das Wichtigste: Sie hat mich nie fallen gelassen, mich nie ein «Weichei» genannt und mir nie gesagt, ich solle endlich arbeiten gehen wie andere Familienväter. Ihre Haltung hat meine Situation erträglicher gemacht.

Dieser Rückhalt in der Familie war auch mit ein Grund, weshalb ich mich nicht in eine Spezialklinik einweisen liess. Mit meinem Arzt habe ich oft darüber gesprochen. Wir kamen nach Abwägen der Vor- und Nachteile gemeinsam zum Schluss, dass ich mich in vertrauter Umgebung und mit seiner Hilfe auch erholen könne.

Erläuterungen: *Meine Frau versuchte, mich trotz meines Zustandes zu akzeptieren. Das braucht ziemlich viel Kraft. Denn plötzlich war ein anderer Mann an ihrer Seite, nicht den, den sie vor Jahren geheiratet hatte. Nicht alle Partner können diese Veränderungen mittragen. Sie wirken belastend. Da darf ich meiner Frau ein Kompliment machen. Meine Familie hätte auch vermehrt mit Unverständnis reagieren können. Aber sie war mir eine Stütze – aber gleichzeitig auch eine Belastung. Manchmal hätte ich mir gewünscht, allein in einer abgelegenen*

Alphütte zu sitzen. So wäre ich niemanden auf die Nerven gegangen. Andererseits habe ich es genossen, mit meiner damals achtjährigen Tochter «Eile mit Weile» zu spielen. Ein Kinderlachen lässt für einen Augenblick allen Schmerz vergessen.

Gut zu wissen: *Wie sollen Sie sich verhalten, wenn Sie eine depressive Partnerin oder einen depressiven Partner zu Hause haben? Das ist für alle eine sehr belastende Situation. Wichtig scheint mir, dass Sie sich mit der Krankheit auseinandersetzen. Fragen Sie Ihren Partner und seinen Arzt, ob Sie bei einem Gespräch anwesend sein dürfen. Das hilft nicht nur Ihnen, sondern auch dem Betroffenen. Denn nichts ist Unerträglicher als die Ungewissheit.*

Viele Partner halten es mit der kranken Seele neben sich nicht mehr aus. Oft müssen auch Partner von depressiven Menschen ärztliche Hilfe beanspruchen. Zögern Sie nicht, wenn es Ihnen schlecht geht, diesen Schritt zu machen. Sie bringen Ihrem Partner viel Verständnis entgegen, Kraft und auch Zuversicht. Aber Sie müssen mit Ihren Kräften nicht zum Äussersten gehen. Von Ihnen darf das niemand verlangen. Auch Sie haben Bedürfnisse, ignorieren Sie diese nicht über einen längeren Zeitraum.

Meine bevorzugte Therapie waren aber Wanderungen oder Spaziergänge. Dabei konnte ich Schritt für Schritt meine fahrigen Gedanken ordnen. Ich versuchte es jedenfalls. Und wenn sich meine Gedanken im Kreis drehten oder wirr umherirrten, hielt ich kurz inne. Ich passte das Denken meinen Schritten an. Die Gedanken waren dann manchmal ebenso schwer wie die Schritte beim Bergauflaufen. Aber ich wollte Körper und Geist zu Harmonie zwingen. Sie mussten wieder lernen, eine Einheit zu bilden. Was nicht einfach war.

Während dieser Wanderungen konnte ich Kraft tanken. Ich freute mich an den kleinen Dingen, die man in der Hektik des Alltags allzu oft übersieht. Etwa an einem Eichhörnchen, das flink einen Baumstamm hochklettert. Ich freute mich über den Anblick eines scheuen Rehs, das einige Meter vor mir den Weg kreuzte. Ich schaute fasziniert den Blättern nach, die sanft von den Bäumen auf den Boden segelten. Ich bestaunte die Ameisen, die sich vor meinen Augen im Dienste ihrer Königin abrackerten. Sie bereiteten wohl ihre Nester für den Winter vor. Wie in unserer Gesellschaft ist auch in einem Ameisenstaat fast alles geregelt. Aussenseiter haben es schwer. Sie müssen Rechenschaft ablegen, warum sie nicht arbeiten können. Sie sollten Antworten auf Fragen geben, die sie selber gar nicht kennen. Sonst vereinsamen sie irgendwann. Und niemand merkt es, weil sie nicht vermisst werden. Sie gehören nicht mehr dazu. Sie gehen in der Menge unter. Und werden vergessen. Schon bald.

Oft führte mein Weg über den Friedhof. Ich besuchte dann das Grab meines Gottenkindes. Und das Grab meiner Gotte. Auch das Grab jenes Mannes, der das Haus, in dem wir nun wohnen, gebaut und bewohnt hatte. Ich kannte diesen Mann nicht, dankte ihm aber gleichwohl für die Oase in der Stadt. Manchmal fühlt man sich den Toten näher als den Lebenden. In solchen Momenten will man Gott wieder spüren. Ich bin kein regelmässiger Kirchgänger. In den schweren Stunden nun suchte ich den Kontakt wieder vermehrt. Aber ich habe nie um Hilfe gefleht. Nur einmal sprach ich ein kleines Stossgebet gen Himmel. Warum ich? Vielleicht bin ich einfach zu wenig Egoist. Doch andere sind weit schlimmer dran. Die haben Krebs, haben womöglich nur noch einige Wochen zu leben. Ich litt an keiner tödlichen Krankheit, aber es tröstete mich nicht wirklich. Auch ich habe mich manchmal sterbenselend gefühlt. Der Himmel blieb mir verschlossen. Zum Glück.

Erläuterungen: *Ich habe mich den Toten wirklich näher gefühlt als den Lebenden. Ich spazierte auch oft über den Friedhof, weil ich da nicht angesprochen wurde. Friedhofsbesucher sind stille und nachdenkliche Menschen. Oft spazieren sie gesenkten Hauptes zwischen den Grabsteinen entlang. Ein kurzer, meist stummer Gruss muss genügen. Auf dem Friedhof habe ich mich wohlgefühlt. Hier konnte ich Kraft tanken.*

Gut zu wissen: *Menschen, die an einer Depression leiden, ziehen sich oft zurück. Sie leben häufig in einer eigenen Welt. Diese Welt ist meist düster. Sie wirkt auf die Betroffenen nachhaltig. In dieser Welt hat es keinen Platz für Glück oder Lebensfreude. Schmerz und Trauer beherrschen die Szenerie. Ich war in einer tiefen Depression versunken. Aber es war nicht immer Dunkel. Es gab auch seltene helle Momente. Da erblickt man Lichter, die wieder für einige Stunden Hoffnung geben. Angehörige und Freunde können solche Lichter sein. Ich habs schon an früherer Stelle erwähnt: Wertschätzung ist ganz wichtig. Auch wenn es Betroffene scheinbar emotionslos entgegennehmen. Sagen Sie klar und deutlich: «Du bist ein wichtiger Mensch für mich. Ich bin für dich da. Ich lasse dich nicht alleid.» Irgendwann werden die Worte viel Wirkung haben. Begleiten Sie Ihre Liebste / Ihren Liebsten auf einen Spaziergang. Allein die Nähe, der Gleichschritt, das «Ich bin neben dir», kann Wunder bewirken.*

Es war in der ersten Adventswoche, also fast zwei Monate seit der Krankschreibung. Eine Personalverantwortliche vom mir rief an diesem Mittwoch gegen sechs Uhr abends an. Einen Tag vor meinem geplanten Kuraufenthalt in Saas Fee.

Die Frau empfahl mir einen Psychologen, den ich in Zürich aufsuchen sollte. Es war ein Angebot des Arbeitgebers, der mit diesem Fachmann zusammenarbeitet. Er beurteilt Fälle wie

Burn-out, Arbeitsdepression oder Mobbing. Eigentlich eine gute Sache, dachte ich mir.

Die Entscheidung überliess sie mir. Ich willigte aber sofort ein, hatte ich ihr doch schon in früheren Gesprächen angeboten, dass ich einen Vertrauensarzt konsultieren würde, falls das Unternehmen dies wünschte. Denn ich wollte nicht den Eindruck erwecken, dass ich mir diese Krankheit nur ausgedacht hätte. Sie wollte also für einen Termin im Januar besorgt sein. Doch ich muss schon damals geahnt haben, dass ich diesen Termin gar nie wahrnehmen und den Psychologen nicht kennen lernen würde. Ich weiss nicht, weshalb ich dieses Gefühl hatte. Aber es war einfach da. Vielleicht fehlte mir das Vertrauen. Denn ich war in den letzten Wochen gegenüber allem Neuen und Unbekannten misstrauisch geworden. Es machte mir sogar Angst. Ich hatte nicht nur den Glauben an mich, sondern auch den an meine Mitmenschen verloren. Und es wäre für mich unvorstellbar gewesen, mich einem mir unbekannten Menschen zu öffnen. Ich konnte mein Inneres nicht nach aussen kehren wie bei einem Handschuh, den man zum Trocknen auf den Ofen legt.

In diesem Telefongespräch sagte mir die Personalfachfrau noch, wie sehr die Leute in der Sportredaktion unter Druck stünden. Und überhaupt, ob ich tatsächlich unter dem Burn-out-Syndrom leide? Im Gegensatz zu meinem Vorgesetzten schien sie zu zweifeln. Den Unterton verstand ich als «Sie sind ein Simulant! Arbeiten Sie wieder mal!». Ich empfand es jedenfalls so. Dabei hatten wir eine Woche zuvor in ihrer Anwesenheit besprochen, dass ich erst wieder ab Neujahr arbeiten würde. Warum dann diese Bemerkung mit der Wirkung eines Nadelstichs? Ich fühlte mich nach dem Telefonat schlecht. Meine Reaktion hat mir gezeigt, dass ich noch nicht über den Berg war. Die kleinen Fortschritte der letzten Tage waren wie weggeblasen. Ich war wieder dort, wo ich schon einmal war: ganz weit unten. Wieder erdrückt von dieser bleiernen Müdigkeit in Geist, Körper und Seele. Ich spürte die Krallen in meinem Nacken. Aber vor allem spürte ich die Skepsis in der Stimme der Personalverantwortlichen. Die Zweifel fremder Leute, die mich nicht kannten und doch über meine Krankheit urteilten, stimmten mich nachdenklich. Dem ist man wehrlos ausgeliefert.

Meine Frau war jedenfalls wütend auf die Frau von der Personalabteilung. Sie wollte ihre Telefonnummer, ich gab sie ihr nicht. Doch die Reaktion meiner Frau hat mir gezeigt: Sie litt genauso wie ich. Im Gegensatz zu mir zeigte sie aber ihre Wut. Auf mich hingegen wirkte das Telefonat wie eine bittere Pille mit lähmenden Nebenwirkungen. Schwarze Flecken tauchten auf.

Erläuterungen: *Ich war stark mit mir selber beschäftigt. Ich habe mir selber einen Druck aufgebaut. Ich wollte ja wieder in den normalen Arbeitsalltag zurück. Mit allen Mitteln. Ich setzte mich intensiv mit meiner Krankheit auseinander, auch wenn mir das oft schwerfiel. Ich habe haufenweise Literatur über Burn-out und Erfahrungsberichte von depressiven Menschen gelesen. In ganz kleinen Schritten habe ich mich bewegt. Und dann zerstörte ein einziges Telefongespräch viele der kleinen Erfolge wieder: Ich habe in jenem Telefongespräch mit einer Personalverantwortlichen in ihrer Stimme leise Zweifel an meinem Zustand herausgehört. Das hat mich tief getroffen und in die dunkelste Ecke vertrieben. Drei Monate später, als es mir ein wenig besser ging, hat mir dieses Personalbüro vorgerechnet, wie viel Geld ich den Arbeitgeber schon gekostet habe. Glauben Sie mir: Das tut enorm weh!*

Gut zu wissen: *Also, liebe Mitarbeiterinnen und Mitarbeiter von Personalabteilungen. Nehmen Sie die Angestellten in*

Ihrem Unternehmen ernst. Ob einer während der Probezeit (wie ich) oder erst nach zehn Jahren zusammenbricht – ein Burn-out lässt sie nie voraussagen. Ich hätte gern auf alle die Erfahrungen verzichtet, wäre gern gesund und munter jeden Tag zur Arbeit gefahren. Sie müssen Ihre Worte behutsam wählen: Sätze wie «Jetzt müssen Ihre Kollegen Ihre Arbeit auch noch erledigen» oder «Wann dürfen wir wieder mit Ihnen rechnen? In der nächsten Woche wäre gut» sind in den Ohren der Betroffenen kleine Nadelstiche.

Zwar fühlte ich mich nach dieser Nacht alles andere als unternehmungslustig, aber ich fuhr dennoch zur Kur in die Berge. Ich freute mich auf den Aufenthalt in Saas Fee. Ich hatte mich bei einem befreundeten Hotelier angemeldet. So konnte ich mit jemandem reden, falls ich dies brauchte. Und die Umgebung des Touristenortes war mir vertraut. Dort würde ich mich in den nächsten zwei Wochen erholen können.

Vor dem Nachtessen lief ich bei Dämmerung über die rund 150 Meter lange Schluchtbrücke. Dabei musste ich an eine Bekannte denken, die sich nur wenige Tage zuvor von einer Autobahnbrücke in den Tod gestürzt hatte. Es wäre für mich ein Leichtes gewesen, mit einem Sprung über das Geländer alles zu beenden.

Sekundenbruchteile später würde ich tief unten in der Schlucht hart aufschlagen, würde wohl einen kurzen Schmerz verspüren, dann hätte das Leiden ein schnelles Ende. Vielleicht würde ich noch schreien. Vielleicht auch nur stumm fallen. Das ging mir in jenem Moment durch den Kopf, als ich den rechten Fuss auf die Brücke setzte. Ich war mir aber sicher, diese Gedanken nicht in die Tat umzusetzen. Dennoch lief ich bewusst in der Mitte des Übergangs. Die beleuchteten Geländer links und rechts von mir waren mehrere Armlängen entfernt.

Sicherheitsabstand. Denn ich musste plötzlich auch an einen Cousin denken, der sich vor vielen Jahren erschossen hatte. Komisch, welche Überlegungen ich mir während weniger Schritte machte. Sachen, an die ich in den letzten Jahren nie gedacht hatte.

Am anderen Ende der Brücke waren die schwarzen Gedanken verflogen. Ich schaute kurz zurück, machte drei, vier Schritte seitwärts und spähte nun doch ängstlich in die Schlucht hinunter. Ein dunkles Loch öffnete sich vor mir. Hier hatte sich eine junge Frau das Leben genommen, wird unter den Einheimischen erzählt. Das kam mir in jenem Moment in den Sinn. Mir schauderte. Ich glaubte, die Frau, die ich gar nicht gekannt hatte, tief unten schemenhaft zu erkennen. Ich glaubte auch, den dumpfen Aufprall eines Körpers gehört zu haben. Kein Schrei. Nur ein bleiches Gesicht geisterte durch die Finsternis.

Die Kälte holte mich zurück. Ich atmete tief durch. Ich suchte ein Restaurant auf und setzte mich an einen Tisch. Ich bestellte ein warmes Essen und ein Glas Rotwein. In diesem Moment war ich froh, unter Menschen zu sein. Ich sprach allerdings mit niemandem, hörte nur zu, wie am Nebentisch geredet wurde. Wahrgenommen habe ich bloss ein Gemurmel. Ich sass zwar inmitten vieler Leute, gleichzeitig war ich aber allein, weit weg. Wie so häufig in letzter Zeit. Ein komisches Gefühl. Doch irgendwann hat man keine Kraft mehr, ständig alles zu hinterfragen. Es kommt der Zeitpunkt, wo man sich seinem Schicksal ergeben will. Damit alles Kämpfen ein Ende hat.

Erläuterungen: *Über den Tod zu sprechen, fällt vielen Menschen schwer. Suizidgedanken zu haben, ist noch immer ein Tabu. Ich kann nur für mich sprechen: In meinen schwersten Stunden hat der Tod viel von seinem Schrecken verloren,* *auch wenn er für mich nie eine schreckliche Vorstellung war. Der Tod ist etwas Natürliches, er gehört zum Leben wie die Geburt. Ich habe mit Menschen gesprochen, die suizidgefährdet waren. Der Tod bekommt in den schweren Stunden einen anderen Stellenwert. Für mich hatte er sogar etwas Vertrautes, auf das man hätte zurückgreifen können. Es wäre der letzte Weg aus einer scheinbar aussichtslosen Situation gewesen.*

Gut zu wissen: *Mehr als 1500 Menschen jährlich scheiden in der Schweiz freiwillig aus dem Leben. Zehnmal mehr versuchen den Suizid. Das sind schockierende Zahlen. Hinter jeder Zahl versteckt sich ein Schicksal. Über den Tod zu reden, könnte ein Weg sein, um beruhigend einzugreifen. Sie kennen Ihre Partnerin, Ihren Partner am besten. Sie dürfen offen über das Sterben sprechen. Damit begeben Sie sich auf eine Ebene, die dem Betroffenen vielleicht zeigt: Jemand versteht mich. Falls Sie zu spüren glauben (sicher kann man ja nicht sein), dass die Liebe an Ihrer Seite intensiv über den Tod nachdenkt, lassen Sie sich von einem erfahrenen Psychiater beraten. Allein schon der Gedanke, dass sich jemand aus dem nahen Umfeld umbringen könnte, belastet schwer. Sie müssen das nicht allein verarbeiten. Suchen Sie das Gespräch mit vertrauten Personen.*

Ich wollte so schnell wie möglich wieder ein vollwertiges Mitglied dieser Gesellschaft sein. Aber ich wusste auch, dass ich nichts überstürzen durfte. Ausgebrannt zu sein, heisst auch, Geduld haben zu müssen. Das habe ich gelernt, lernen müssen.

Zwei Wochen vor Weihnachten meldeten sich die Lebensgeister langsam zurück. Aber die Angst vor dem Versagen blieb präsent. Wenn ich im Januar auf der Redaktion eintreffe, kann ich den vielen Fragen nicht ausweichen. Dann muss ich wieder funktionieren, muss meinen Arbeitgeber von meinen Fähigkeiten überzeugen. Halte ich diesem Druck überhaupt stand? Wenn nicht, stehe ich im Frühling auf der Strasse. Ohne Aussichten auf eine neue Beschäftigung. Wenn ich in den nächsten zwei Monaten an der Aufgabe zerbreche, leidet auch meine Gesundheit darunter. Und die finanziellen Sorgen werden grösser. Ein Teufelskreis. Wie komme ich da wieder raus?

Die Fragen hämmerten in meinem Kopf. Die Antworten waren weit weg. Dieser Zustand wirkte lähmend. Ich hatte während Tagen auch keine Lust mehr, spazieren zu gehen. Ich fühlte mich müde und matt, scheute den Regen und die Kälte. Ich wollte vor allem keine Menschen sehen. Wollte keine Erklärungen mehr abgeben. Wollte eigentlich nur Klarheit darüber, wie es ab Neujahr weitergehen sollte. Und wartete auf die Rückkehr meines Vorgesetzten aus den Ferien. Er war der Einzige im Unternehmen, mit dem ich darüber sprechen mochte.

Ich war jetzt in einer Phase, wo meine Geduld und die Energien aufgebraucht schienen. Ich wollte mich nur noch treiben lassen. Alles hinwerfen, diesen ungleichen Kampf aufgeben. Schon so viel ist kaputtgegangen, schlimmer könnte es gar nicht mehr werden. Ich war zu schwach, um mich mit einem letzten verzweifelten Versuch aus den Krallen des Raubvogels zu befreien. Sollte ich in ein Sanatorium? Sollte ich wirklich Tabletten (etwas, dem ich mich bisher widersetzen konnte) – a) gegen Schlaflosigkeit, b) gegen Erschöpfung, c) gegen Depression – schlucken?

Nein! Ergeben wollte ich mich nicht. Ich habe eine wunderbare Tochter, eine liebe Frau, treue Freunde und gute Kollegen. Dafür lohnte es sich, immer wieder aufzustehen. Die Handynummer meines Arztes hatte ich gespeichert. Für alle Notfälle. Dass ich ihn rund um die Uhr anrufen könnte, wirkte beruhigend. Es gab mir etwas Sicherheit.

Erläuterungen: *Ich habe mit vielen Menschen Kontakt, die ähnliche Erfahrungen wie ich gemacht haben. Sie alle haben den tiefen Fall ebenso intensiv erlebt. Ich habe meine Geschichte während der depressiven Phasen niedergeschrieben. Hätte ich Talent als Maler, so hinge wohl heute ein Bild mit dunklen Farben an einer Wand. Wäre ich Musiker, hätte ich eine Ballade komponiert. Mir blieb das Schreiben.*

Gut zu wissen: *Es liegt mir fern, «Rezepte» zu liefern. Es gibt sie nicht. Es gibt haufenweise Literatur über die Balance im Leben. Sie sind aber nicht in jedem Fall anwendbar. Sie als Angehöriger, Partnerin oder Freund eines psychisch angeschlagenen Menschen sind wohl die einzig wirkungsvolle Prävention. Sie spüren am ehesten, was der kranken Seele neben Ihnen gut tut. Denn Sie haben es ja schon längst vor dem Betroffenen gespürt, dass er da in etwas «hineinläuft». Sie haben die Möglichkeit, hinter die Fassaden des Leidenden zu blicken. Tun Sie es immer wieder. Beanspruchen Sie die Hilfe eines Arztes, wenn Ihre Partnerin oder Ihr Freund Sie zur Verzweiflung treibt.*

Heute: Mein Burn-out liegt über drei Jahre zurück. Der Raubvogel hat seinen Schrecken verloren, auch wenn er noch immer als kleiner Punkt dann und wann am Himmel auftaucht. Ich bin wieder so belastbar wie früher, aber nicht mehr über längere Zeit. Ich brauche mehr Ruhepausen. Drei- bis viermal in der Woche jogge ich locker durch den Wald. Ein grosser Vorteil: Ich kann mir als selbständiger Unternehmer meine Zeit frei einteilen. Ich fühle mich nicht mehr fremdbestimmt, auch wenn meine Agenda manchmal das Gegenteil vermuten lässt. Es ist auch nicht immer einfach, meine beiden Tätigkeiten unter einen Hut zu bringen. Auf der einen Seite bin ich Verleger, der Bücher in den Bereichen «Lebenshilfe» und «Solothurnisches» publiziert, auf der anderen Seite führe ich zusammen mit Wolfgang Niklaus, einem guten Freund, die Kommunikationsfirma chilimedia. Diese Tätigkeiten sind nur dank eines soliden Netzwerkes zu vereinbaren.

Den Schritt in die Selbständigkeit habe ich nicht freiwillig gewählt. Ich habe mich nach meiner Freistellung beim «Blick» 50-mal vergeblich beworben. Die Herausgabe des Burn-out-Buches *In den Krallen des Raubvogels* hat mir die Türen geöffnet und mir den Aufbau des Verlages erst ermöglicht.

Heute gebe ich mein Wissen gern auch weiter: Ich werde regelmässig zu Referaten eingeladen. Dabei lerne ich spannende Menschen kennen. Es sind Freundschaften entstanden. Und ein schöner Nebeneffekt ist, dass ich bei diesen Referaten etwas Geld verdienen kann.

Mit Ausdauer, Kreativität, Glauben und auch etwas Glück hoffe ich meinen eingeschlagenen Weg weiter zu gehen.

Was ich heute konsequent mache: Ich schaffe mir Freiräume, sage oftmals Nein und übe mich in Gelassenheit (was mir als Perfektionisten leider nicht immer gelingt).

Es gibt Phasen, wo ich mich niedergeschlagen fühle. Diese Tage kommen öfter vor als vor meiner Krankheit, und ich spüre sie viel intensiver. Das liegt daran, dass mich meine schmerzlichen Erfahrungen sensibler gemacht haben. Ich habe ein anderes Gefühl für mich selbst entwickelt. Ein Gefühl, das auch Schwächen zulässt. Nur deshalb stehe ich heute wieder als starker Mensch im Leben.

ROLF HEIM

RATGEBER FÜR ANGEHÖRIGE

Das Burn-out-Syndrom hat in den letzten Jahren in unserem Kulturkreis um sich gegriffen wie eine Seuche. Die Erkrankung ist immer mit grossem Leid verbunden und zeigt sich auf vielfältige Weise – mehr als 130 Symptome werden ihr zugeordnet, und die Betroffenen werden in ihrem Alltagsleben mit schweren Veränderungen konfrontiert. In den letzten Jahren haben auch zunehmend Fachleute und Literatur dazu beigetragen, dass Betroffene schnell Hilfe erhalten. Weniger Aufmerksamkeit erhalten haben in dieser Zeit die Angehörigen. Dies zu Unrecht, tragen doch auch sie schwer an den Veränderungen und leiden an den Einschränkungen, die durch die Krankheit ausgelöst werden. Mit dem hohen Ziel, für den Betroffenen da zu sein, leisten Angehörige häufig Immenses und achten dabei zu wenig auf ihre eigenen Energiereserven. Das kann sich verhängnisvoll auswirken, zuerst für die Angehörigen selbst, später eventuell auch für die Beziehung zu den Betroffenen. Ohne Übertreibung kann gesagt werden, dass ein von Burn-out betroffener Partner für den anderen ein Burn-out-Risiko darstellt. Im folgenden Kapitel soll dargestellt werden, welche Gefahren für Angehörige auftreten können und wie diese damit erfolgreich umgehen können.

Vorab noch eine Begriffsklärung: Im Text wird immer wieder von **Ressourcen** gesprochen. Darunter versteht man einerseits persönliche Fähigkeiten und Talente, dank denen man alltägliche und überdurchschnittliche Herausforderungen bewältigen kann. Beispielsweise berufliche Aus- und Weiterbildungen; soziale Kompetenzen wie zuhören, Verständnis aufbringen, Geduld haben. Besonders wichtig im Zusammenhang mit Burn-out sind die Fähigkeiten, sich zu entspannen, eigene Bedürfnisse wahrzunehmen und diese auch zu erfüllen. Man kann sich einen technischen Fühler oder Sensor vorstellen: Nur wenn er funktioniert, kann ein eventueller Mangel festgestellt werden. Die Energielosigkeit beim Burn-out lässt sich etwa mit der Tankfüllung eines Autos vergleichen. Wenn die Benzinanzeige nicht funktioniert, stehen Sie irgendwann am Strassenrand. Wenn man seinen eigenen Energiezustand nicht beurteilen kann, ist man irgendwann so erschöpft, dass nichts mehr geht. So viel zu den persönlichen Ressourcen; weitere Ressourcen können Menschen in der Umgebung sein (zum Beispiel Angehörige), öffentliche Einrichtungen wie beispielsweise Spitäler oder Behandlungszentren usw.

Verlaufsbeispiel

Um sich in die Situation eines Angehörigen einfühlen zu können, soll zuerst kurz die Entwicklung des Burn-out-Syndroms aus der Sicht eines angehörigen Partners dargestellt werden. Dieser beobachtet, wie sein Partner, der Betroffene, über Wochen oder Monate hinweg an Energie verliert; damit verbunden auch an Freude, Vitalität, Kreativität, Interesse usw. Vielleicht wird der Betroffene auch zunehmend still, zieht sich zurück, ist häufig müde; oder er wird gereizter, ungeduldiger, erträgt weniger Spannung, schimpft schneller mit den Kindern und kritisiert den Partner. Wenn man ihn auf die Veränderungen anspricht, reizt ihn das noch mehr; er meint, die anderen hätten plötzlich etwas gegen ihn, forderten nur immer mehr und er könne halt nicht alles erfüllen. Legt man ihm nahe, er solle doch etwas ruhiger treten und sich vermehrt ausruhen, quittiert er dies mit Bemerkungen wie, er wisse schon, was zu tun sei, und es gehe ihm bestens. Tatsächlich hilft er jedoch weniger bei gemeinsamen Arbeiten, kommt vielleicht auch später nach Hause, sodass mehr Aufgaben vom Angehörigen übernommen werden. Vielleicht sieht der Betroffene irgendwann seine Situation ein; seine Symptome haben sich weiter verschlechtert, er leidet möglicherweise unter depressiven Zuständen, unter Ängsten, wird unselbständig, geht in eine Kur oder bleibt, vom Arzt krankgeschrieben, zu Hause. Zwar kann er seinen Zustand nun ansatzweise bestätigen – was ihn aber nicht unbedingt herzlicher und verständnisvoller für die Situation des Angehörigen werden lässt.

Das Helferdilemma

Angehörige geraten in einer solchen Situation in ein klassisches Bedürfnisdilemma; dieses kann natürlich auch dann auftreten, wenn die betroffenen Partner an einer anderen schweren Krankheit leiden, wie Krebs, multipler Sklerose oder schweren psychischen Leiden. Das Bedürfnisdilemma sieht also folgendermassen aus:

A) Einerseits möchten die Angehörigen den Betroffenen unterstützen, für ihn da sein, ihm mit Verständnis, Geduld und Toleranz begegnen, ihm Arbeiten abnehmen. Wenn Kinder da sind, sollen diese möglichst wenig leiden oder verzichten müssen. Kurz gefasst: Angehörige möchten im privaten Umfeld auffangen, was der Partner nicht mehr leisten kann. Die Bedürfnisse des Betroffenen und allenfalls der Umwelt (Kinder, Eltern, Freunde usw.) sollen erfüllt sein. Dadurch steigt ihre eigene Belastung beträchtlich.

B) Andererseits haben natürlich auch Angehörige selbst Bedürfnisse und Erwartungen an den Partner; sie möchten weiterhin Verständnis und Unterstützung von ihm erhalten; sie möchten sich auch mal ausruhen können und an einer starken Schulter anlehnen. Sie möchten vielleicht auch einmal schwach sein dürfen und nicht ständig der Dreh- und Angelpunkt des Familienlebens sein müssen. Dies alles kann der Betroffene jedoch zu diesem Zeitpunkt nicht bieten und hat es vielleicht auch schon längere Zeit nicht mehr gemacht. Gerade dann, wenn er in den letzten Monaten sowieso stark mit beruflichen und allenfalls privaten Arbeiten (Umbau,

Weiterbildung, Vereine usw.) beschäftigt war. Was dem Betroffenen wahrscheinlich bewusst ist und ihn weiter belastet.

Aus diesem Dilemma entstehen verschiedene Gefühle, die als völlig natürlich anzusehen sind. Für denjenigen aber, der sie empfindet, können sie wiederum eine Belastung darstellen. Beispielsweise entwickelt sich aus dem Gefühl der Wut (dem Partner gegenüber, da er sich «einfach so gehen lässt») häufig ein Schuldgefühl, da der Partner «ja nichts dafür kann» und es somit unfair wäre, ihm deshalb Vorhaltungen zu machen. Oder der Partner verzichtet lange Zeit völlig auf seine Bedürfnisse und wird innerlich immer angespannter, ja sogar aggressiv. Die folgende kurze Zusammenstellung soll diese Gefühle verdeutlichen.

Druck
- Überforderung, nun vieles/alles allein machen zu müssen
- Evtl. finanzieller Druck

Enttäuschung
- Der starke Partner wird plötzlich schwach
- Unterstützung fehlt, Angehörige fühlen sich vernachlässigt und im Stich gelassen

Wut
- Aus Enttäuschung gegen den Partner; kann sich zu Ablehnung steigern
- Aufgrund von Selbstvorwürfen auch Wut gegen sich selbst

➜

Selbstvorwürfe

- Erwartung an sich selbst, mit der Situation verständnisvoll klarzukommen
- Schuldgefühle, wenn man gegen den kranken Partner Wut hegt

Schmerz

- Mitleid mit dem Betroffenen, evtl. mit den Kindern
- Oft treten auch Streitereien und Meinungsverschiedenheiten häufiger auf
- Das Gefühl, alleingelassen zu werden

Massnahmen gegen das Helferdilemma

Um dieses teilweise beträchtliche Gefühlschaos in den Griff zu bekommen, hat sich die Technik der «unterschiedlichen Seiten» sehr bewährt. Dabei wird dem Umstand Rechnung getragen, dass der Mensch in schwierigen Situationen meist nicht nur ein Gefühl «hat», sondern mehrere Gefühle empfindet. Jedes Gefühl kann einer Seite (einem Persönlichkeitsaspekt) in ihm zugeordnet werden – und die ganze Sache wird übersichtlicher. Am Anfang mag das Konzept etwas schwierig sein; es lässt sich allerdings ohne viel Aufwand lernen, die einzelnen Seiten bei sich selbst wahrzunehmen. Dabei spielt die Fähigkeit, die eigenen Gedanken beobachten zu können, eine zentrale Rolle. Darauf wird im Kapitel «Erschöpfung bei Angehörigen» vertieft eingegangen. Vorab soll eine schematische Darstellung das Beschriebene veranschaulichen, basierend auf dem Grundsatz: Der Mensch hat unterschiedliche Seiten in sich – die er im Alltag jedoch meist nicht bewusst wahrnimmt. Trotzdem sind sie wirksam. Beispiele für solche Seiten:

Seite A	geduldig
Seite B	aufmerksam
Seite C	tolerant
Seite D	nervös
Seite E	leicht zu verärgern
Seite F	ängstlich
Seite G	fleissig
Seite H	hartnäckig

Dass sich diese Seiten auch widersprechen können, macht die Sache komplizierter, ist jedoch völlig normal. Jeder weiss, dass er nicht jede Person gleich behandelt, zu der einen ist er freundlich, gegenüber der anderen kurz angebunden. Und weiter ist das Ausleben einer Seite von der aktuellen Situation abhängig; so gibt man sich anders an einem Betriebsfest als an einer Verwaltungsratssitzung. Das heisst, das Ausleben der unterschiedlichen Seiten ist immer von der jeweiligen Situation und der Anwesenheit anderer Menschen abhängig.

Jede Seite wird nun ihre «Botschaft» durch Gedanken ausdrücken; diese werden vom Betroffenen selbst als «Stimme» gehört. Eine massvolle Seite sagt beispielsweise: «Du solltest nicht so viel trinken!» Eine ausgelassene Seite würde antworten: «Ach was, man muss sich doch auch mal was gönnen!» Jeder gedachte Satz wiederum löst ein Gefühl aus. Schematisch dargestellt sieht das dann beispielsweise so aus:

Seite A (geduldig)
➔ **Gedanke** (drückt Verständnis aus) ➔ **Gefühle** (Verständnis)

Unterschiedliche Seiten erkennen

Wie gesagt, laufen die meiste Zeit irgendwelche Selbstgespräche im Denken ab. Dabei hat man in der Regel den Eindruck, es handle sich dabei immer um denselben inneren «Sprecher». Das ist ein Irrtum. Wie wir sehen werden, sind es mehrere Sprecher. Aber da wir keine Sprachmodulation in unseren Gedanken haben (Stimmhöhe, Betonung, Geschwindigkeit etc.), scheint es immer dieselbe Stimme zu sein. Anhand des gedachten Inhaltes jedoch lassen sich leicht Unterschiede ausmachen – was wiederum die oben erwähnte Übung voraussetzt. Anhand von zwei Beispielen soll diese doch etwas ungewohnte Betrachtungsweise verdeutlich werden.

Beispiel 1: Der Betroffene

Der vom Burn-out Betroffene merkt, wie er allmählich an Effizienz verliert. Dementsprechend hat er unterschiedliche Gefühle wie Wut, Frustration, Hoffnungslosigkeit, Selbstwertlosigkeit, Lustlosigkeit, Nervosität und weitere. Einige Seiten werden nun beschrieben, zusammen mit den zu ihnen passenden Aussagen. Diese kann man sich vorstellen als innere Selbstgespräche, wie sie die meisten Menschen führen.

- Eine **ehrgeizige** Seite sagt: «Reiss dich zusammen, das wirst du doch wohl noch hinkriegen!»
  Diese Seite führt zu Anspannung und Nervosität.
- Eine **erschöpfte** Seite sagt: «Ich möchte einfach meine Ruhe haben; hör doch endlich auf zu arbeiten.» Diese Seite kann als Kraftlosigkeit und Lustlosigkeit erlebt werden.
- Eine **resignierte** Seite sagt: «Das hat doch alles keinen Sinn; das wirst du eh nie schaffen.»
  Diese Seite führt zu Hoffnungslosigkeit und Lustlosigkeit.
- Eine **selbstkritische** Seite sagt: «Du bist einfach zu dumm; andere machen das mit links!» Diese Seite führt zu Selbstwertlosigkeit, aber auch zu Wut und Frustration.

Die Liste könnte beliebig fortgesetzt werden; wie erwähnt, ist das Erleben von unterschiedlichen, teilweise widersprüchlichen Gefühlen, Stimmen oder Seiten völlig normal und hat nichts mit einer psychischen Störung zu tun. Deutlich wird dabei, wie Gefühle von mehreren Seiten her genährt werden können. Beispielsweise passt Lustlosigkeit sowohl zur erschöpften wie auch zur resignierten Seite. Andererseits kann eine einzelne Seite ganz unterschiedliche Gefühle hervorrufen (vgl. selbstkritische Seite, die zu Selbstwertlosigkeit und zu Wut führen kann).

Beispiel 2: Der Angehörige

Die oben erwähnten Gefühle sollen mit den entsprechenden Seiten und Aussagen (Stimmen) beispielhaft nochmals zusammengestellt werden:

- Eine **verständnisvolle** Seite sagt: «Der Betroffene kann doch nichts dafür. Er braucht jetzt Ruhe und Erholung.»
  Diese Seite kann zu einem Gefühl von Druck und/oder Verständnis führen.
- Eine **fürsorgliche** Seite sagt: «Er hat so viel gearbeitet, er braucht Erholung. Ich kann ihm ja vieles abnehmen.» Diese Seite kann als Aufmunterung, aber auch als Druck erlebt werden.
- Eine **rücksichtsvolle** Seite sagt: «Deine Bedürfnisse musst du jetzt für einen Moment zurückstecken.»
  Diese Seite kann zu einer Vernachlässigung von sich selbst und einem Gefühl von geringerem Selbstwert führen («Der andere ist wichtiger als ich»).
- Eine **selbstbehauptende** Seite sagt: «Auch ich habe Bedürfnisse und ein Anrecht auf deren Erfüllung.»
  Diese Seite kann zu Wut und Nervosität führen.
- Eine **resignierte** Seite sagt: «Das wars, der Traum ist zerplatzt. Nun verlierst du alles.»
  Diese Seite führt zu Hoffnungslosigkeit und Lustlosigkeit.

- Eine **selbstkritische** Seite sagt: «Du kannst ihn doch jetzt nicht hängen lassen. Denk nicht immer an dich.»
  Diese Seite führt wiederum zu Selbstwertlosigkeit, aber auch zu Wut und Frustration.

Auch hier liesse sich die Liste erweitern. Wichtig ist nun, zu sehen, dass diese Seiten nicht in Konkurrenz zueinander stehen und es nicht darum geht, welche von ihnen Recht bekommt. Sondern dass es darum geht, dass jede einzelne anerkannt wird als eine verständliche Reaktion auf die aktuelle Situation. Daher auch immer wieder die Betonung, dass es sich bei allen Seiten um «natürliche Stimmen» handelt. Obwohl das einfach tönt, entspricht es nicht unserer alltäglichen Gewohntheit im Umgang mit den verschiedenen Stimmen. Da wogen diese viel mehr hin und her, eine löst die andere ab, was zu dem erwähnten Chaos führt. Eine klassische innere Dialogsequenz (Selbstgespräch) hört sich etwa folgendermassen an:

– Du musst jetzt Rücksicht nehmen und dich um ihn kümmern. – Aber ich habe auch Bedürfnisse, um mich kümmert sich auch niemand! – Sei nicht so ungerecht und undankbar, in der Vergangenheit hat er auch immer für die Familie gesorgt. – Und ich etwa nicht? Auch ich mache seit Jahren die ganze Arbeit mit den Kindern, ich hätte auch gern, wenn ich alles mal für ein paar Wochen abgeben könnte ...

Und so weiter. Solange es um die Frage geht, welche Stimme Recht hat, gibt es keine Ruhe im Denken, das Karussell dreht sich immer weiter, und die Gefühle schaukeln sich gegenseitig hoch. Anzustrebendes Ziel ist daher: Anerkennung der unterschiedlichen Stimmen als unterschiedliche Betrachtungsweisen, die alle gleich richtig sind. Dann ist weiteres Vorankommen möglich.

Mit unterschiedlichen Seiten umgehen

Wenn nun also dieser Punkt geklärt ist, kann man daran gehen, nach einem möglichst sinnvollen Umgang mit den verschiedenen Seiten/Stimmen zu suchen. Dieser Vorgang ist vergleichbar mit einer politischen Debatte, wo verschiedene Seiten ihren Standpunkt erörtern und dann gemeinsam nach einer Lösung gesucht wird, die für alle möglichst verträglich ist. Konkret kann das für einen Angehörigen bedeuten, dass er von Situation zu Situation abwägt, ob er in diesem Moment noch genügend Kraft hat, dem Betroffenen zu helfen (unterstützende Seite), oder ob er aktuell selbst Unterstützung braucht (selbstbehauptende Seite; vgl. Kapitel «Erschöpfung bei Angehörigen»). Somit werden keine allgemein gültigen Konzepte erschaffen, die stur und permanent umzusetzen sind nach dem Motto: «Da müssen wir jetzt durch, einen anderen Weg gibt es nicht!» Sondern die Reaktion und der Umgang mit der gegenwärtigen Situation sind immer wieder neu und werden aufgrund der vorhandenen Kräfte bestimmt. Dieses Vorgehen klingt zwar plausibel, setzt im Alltag jedoch ein hohes Mass an Achtsamkeit voraus. Ständig werden die unterschiedlichen Bedürfnisse aller Beteiligten abgewogen, es werden Prioritäten gesetzt. Und, ganz zentral, die geplante Handlung wird verglichen mit den Energiereserven der Angehörigen. Mehr dazu auf den folgenden Seiten.

Umgang mit der Unsicherheit

Neben dem unmittelbaren Helferdilemma sind die Angehörigen mittelfristig mit offenen Fragen und damit verbundenen Ängsten konfrontiert: Wie geht es weiter? Wird der Betroffene wieder gesund? Bleibt die Beziehung bestehen? Was bedeutet die Krankheit für die gemeinsame Existenz? Und so weiter, je nach persönlicher Situation. Die damit verbunden Gefühle und Gedanken können wie folgt zusammengefasst werden:

Verunsicherung
Was ist los, wie geht es weiter?

Angst
Angst vor Verlust der Beziehung, Verlust des gemeinsamen Lebensplans, Verlust der Existenz.

Verständnislosigkeit
Man kann sich die Situation nicht erklären; der Partner teilt die eigene Auffassung nicht.

Ohnmacht und Hilflosigkeit
Wenn der Partner sich nicht helfen lässt oder wenn die Regeneration nur langsam voranschreitet.

Solche Fragen führen wiederum leicht zu kreisenden Gedankengängen, das heisst, sie erhalten sich selbst aufrecht und lassen sich kaum unterdrücken. Was ja verständlich ist: Wenn man beispielsweise nicht weiss, ob man die eben erworbene Hypothek für das Haus auch in einem halben Jahr noch bezahlen kann, ist es schwierig, so zu tun, als sei alles in Ordnung. Und sich an einem schönen Frühlingstag zu freuen. Wenn die Gedanken kreisen, führt dies wiederum zu einer Reihe von Beschwerden, zum Beispiel Verdauungsprobleme, Schlafstörungen, Nervosität, Gereiztheit, nervöse Herzbeschwerden. Daher ist es wichtig, sich um Antworten auf die wichtigen Fragen zu bemühen. Diese Antworten können beim Arzt, beim Spezialisten, in Büchern oder im Internet gefunden werden. Natürlich lassen sich nicht alle Fragen nicht definitiv und zu 100 Prozent sicher beantworten. Aber in der Beratung erleben doch die Angehörigen und die Betroffenen, dass ihre Gedanken und Sorgen normal sind, dass sie damit nicht allein stehen. Und dass es auf viele Fragen Antworten gibt, Richtlinien und Hinweise.

Erneut ist ein aktives Vorgehen angezeigt. Was meint, nicht allein im Kämmerlein vor sich hinzubrüten und zu leiden, sondern das Gespräch zu suchen, untereinander in der Familie, eventuell mit anderen Betroffenen und zusammen mit Anlaufstellen (siehe oben). Ein spontaner Umgang des Menschen mit Leid ist häufig der Rückzug. Dies bewährt sich jedoch nicht, im Gegenteil. Viele Klienten berichten in der Praxis, dass, wenn sie sich im Bekanntenkreis geöffnet haben und über ihr Befinden erzählten, viele andere ebenfalls zu erzählen begannen. Plötzlich hört man ganz unerwartet von Bekannten, dass sie Ähnliches durchgemacht haben. Und man hört, dass es Wege gibt aus dem Burn-out. Und das zu hören, macht Mut. Mehr Mut, als wenn der Psychiater sagt, dass es schon wieder besser wird. Darum: Sprechen Sie mit anderen über Ihre Situation und Ihre Gedanken.

Gefahr der Erschöpfung bei Angehörigen

Angehörige sind also wie die Betroffenen selbst in einer schwierigen Lage und laufen Gefahr, durch die wachsenden Anforderungen selbst in eine Erschöpfung und schlimmstenfalls in ein Burn-out zu geraten. Die Haltung «Kopf runter und durch» ist in diesem Zusammenhang wenig hilfreich. Sinnvollerweise sollte somit bei Auftreten eines Burn-out-Syndroms **systemisch** vorgegangen werden. Was bedeutet, dass nicht nur der Betroffene professionelle Hilfe und Unterstützung erhält, sondern auch Angehörige, die dem Betroffenen sehr nahe stehen. Daran wird jedoch in vielen Fällen nicht gedacht. Die ganze (therapeutische) Aufmerksamkeit konzentriert sich auf den Betroffenen. Alles wird dafür getan, dass es ihm wieder besser geht. In diesem Notfallszenario haben die Angehörigen die wichtige Funktion der familiären Unterstützung. Wie in vielen Helfersystemen wird dabei zu wenig an die Helfenden selbst gedacht.

Es muss von Anfang an klar werden, dass auch die Helfenden, das heisst die Angehörigen, nur über begrenzte Ressourcen verfügen. Und dass diese in sinnvollen Abständen wieder regeneriert werden müssen. Gerade wenn Angehörige für sich selber diese Regeneration nicht einfordern – meist aus falsch verstandenem Unterstützungssinn («Jetzt schau erst, dass du auf die Beine kommst; um mich kümmere ich mich dann später») –, ist es die Aufgabe des professionellen Helfersystems (Hausarzt, psychologische Betreuung), für sie zu sorgen. Das heisst, es darf nicht einfach davon ausgegangen werden, dass die Angehörigen nun alle Verantwortung übernehmen, die der Betroffene nicht mehr tragen kann. Immer wieder muss aktiv erfragt werden, wie es den Angehörigen geht, ja tatsächlich wie bei einer kurzen Anamnese. Denn allzu leicht entwickeln sich auch bei diesen Symptome wie Gedankenkreisen, Ängste, Schlafstörungen, Nervosität, Gefühle der Erschöpfung und so weiter. Aber sie berichten nicht wie selbstverständlich davon, da es ja jetzt um den Betroffenen gehen soll.

Ressourcenprogramm für Angehörige

Es gibt eine Reihe von Techniken, die es einem erlauben, auch in schwierigen Zeiten einigermassen die Übersicht zu behalten und vorwärtszukommen. Diese Techniken sind prinzipiell einfach in der Anwendung, sind jedoch nicht immer leicht umzusetzen. Denn schwieriger als das Verhalten ist die dahinterstehende Haltung zu ändern. Der Mensch neigt dazu, sich eine feste Meinung zu bilden und ein klares Ziel ins Auge zu fassen. Und dann tauchen Situationen im Leben auf, die nicht dazu passen. Statt nun seine Meinung und sein Ziel der Situation anzupassen, versucht er alles daranzusetzen, dass es so kommt wie geplant. An diesem Vorgehen sind schon viele Träume und Beziehungen zerbrochen, die hätten gerettet werden können.

An erster Stelle eines Programms für Angehörige steht die Wertschätzung sich selbst gegenüber. Den Angehörigen muss bewusst sein, dass unreflektiertes Sichaufopfern und Helfen in eine Sackgasse führt. Es ist niemandem geholfen, wenn sie alles geben und dann nach Monaten intensiver Arbeit selbst nicht mehr können und zusammenbrechen. Wie die Betroffenen müssen auch die Angehörigen lernen, auf ihre Regeneration zu achten. Und das beginnt mit der Erkenntnis, dass man selbst überhaupt Regeneration braucht.

Befindlichkeits-Check

Sich selbst und seine eigenen Bedürfnisse wahrnehmen, die eigene Befindlichkeit zu überprüfen, ist Teil einer persönlichen Standortbestimmung. Danach erst entsteht die Möglichkeit, zu reagieren, wenn sich Mängel zeigen. Manchmal ist es hilfreich, die eigene Befindlichkeit auf einer **Skala** festzulegen; die Einheit dieser Skala ist völlig individuell und dient nur dem persönlichen Vergleich mit sich selbst. Die Skala reicht von 1 bis 10, wobei 10 vollständiges Wohlbefinden bedeutet und 1 dem stimmungsmässigen Tiefpunkt entspricht. Die Befindlichkeit kann so jeden Tag mehrmals abgefragt werden und erlaubt das Aufzeichnen eines groben Verlaufs. Bei der Beurteilung sollen dabei nicht in erster Linie die Spitzenwerte beachtet werden, sondern eher Durchschnittswerte.

Ein heikler Punkt bei der Selbstbeurteilung kann in einer übermässigen Genügsamkeit liegen oder einer geringen Wahrnehmung der eigenen Bedürfnisse und Gefühle. Beispielsweise findet man bei vielen Burn-out-Betroffenen die eben genannten Aspekte, die dann zur Vernachlässigung der eigenen Bedürfnisse und somit auch der benötigten Regeneration führen. Somit muss der Befindlichkeits-Check auch körperliche Aspekte enthalten; diese sind leichter zu beobachten. Für die Bewertung sind in erster Linie Veränderungen wichtig: Wenn jemand beispielsweise unter Asthma leidet und sich dieses nicht verschlimmert hat in den letzten Monaten, zählt dies nicht als Beschwerde; wohl aber, wenn die Beschwerden oder der Medikamentenbedarf zugenommen haben.

Verändertes körperliches Befinden	**Ja**	**Nein**
Schmerzen Rücken, Gelenke etc.	☐	☐
Verdauungsprobleme	☐	☐
Herzstechen	☐	☐
Atembeschwerden	☐	☐
Hautausschläge, Jucken	☐	☐
Abnahme Seh-/Hörfähigkeit	☐	☐
Migräne, Kopfweh	☐	☐
Verspannungen	☐	☐
Schlafstörungen	☐	☐
Konzentrations-, Gedächtnisstörungen	☐	☐
Nachlassende Libido (sexuelle Lust)	☐	☐

Folgende Fragen können als Orientierungshilfe dienen:

1. Wie fühle/fühlte ich mich im Moment / in der letzten Woche / im letzten Monat? (Skalierung)
   ➜ Gefühle aufschreiben (z. B. ausgeglichen, gelöst, heiter, bedrückt, belastet, abgekämpft etc.)

2. Bin ich mit meiner Befindlichkeit zufrieden?
   Was würde ich allenfalls brauchen, um zufriedener sein zu können?

3. Wie stelle ich mir die nächste Woche vor? So, wie bisher?
   Was müsste sich ändern?

Mögliche Massnahmen

Eigene Leistungsgrenzen respektieren. Mit Grenzen haben viele Menschen Schwierigkeiten; oft werden sie tabuisiert und ignoriert. Das gilt im Besonderen für die eigenen Leistungsgrenzen. Nichtsdestotrotz sind wir auf das Einhalten dieser Grenzen angewiesen, wollen wir langfristig erfolgreich und gesund sein. Genau hier liegen wesentliche Ursachen von Burn-out: Durch die Vernachlässigung der eigenen Regeneration wird die Energie immer schneller verbraucht, als sie nachgeliefert werden kann. Die Grenzen stellen eine Warnung dar und helfen uns, «im grünen Bereich zu bleiben». Umgesetzt bedeutet das, sensibel auf die eigenen Grenzen zu achten und zu kommunizieren, wenn sie überschritten werden. Beispielsweise übernimmt ein Angehöriger nicht einfach alle Aufgaben des Betroffenen, sondern teilt ihm mit, was er machen kann und was nicht. Die Planung erfordert von beiden viel Verständnis, Rücksicht und Toleranz. Was jedoch die Wahrscheinlichkeit erhöht, gemeinsam erfolgreich durch die schwierige Zeit zu kommen.

Wertschätzung gegenüber den Betroffenen ist eine wichtige Grundhaltung für einen sinnvollen Umgang mit ihnen. Wenn man den Betroffenen als hilfloses Häufchen Elend betrachtet, das nun nicht mehr für sich selbst sorgen kann, gehen leicht Achtung und Respekt verloren. Schlimmstenfalls fühlt sich der Betroffene noch stärker in der Schuld des Angehörigen und verliert weitere Teile seiner Selbstachtung. Beispielsweise, wenn der Angehörige einen immer grösseren Teil der partnerschaftlichen und familiären Pflichten übernimmt. Somit will wohlüberlegt sein, was man dem Betroffenen abnimmt und was man ihm zumutet. Prinzipiell sollte ohne vorgängige Rückfrage und Absprache keine Arbeit weggenommen werden. Beiden soll bewusst sein, was sie übernehmen und abgeben wollen. Natürlich kann zu viel Druck belasten; jedoch belasten auch Unterforderung und das Gefühl, nicht mehr gebraucht zu werden.

Unsicherheit ansprechen. Schlimmer als eine schlimme Nachricht ist die Angst vor ihr. Aus diesem Grund sollte so früh wie möglich so viel Transparenz wie möglich geschaffen werden. Auch wenn Betroffene noch nicht zum Hausarzt oder zur Beratung gehen möchten – Angehörige haben die Möglichkeit, sich informieren zu lassen. Diese Informationen beinhalten eine kurze Darlegung des Phänomens, mögliche Ursachen und mögliche Massnahmen. So, wie die Betroffenen für sich und ihr Wohlbefinden verantwortlich sind, so sind es auch die Angehörigen. Und brauchen nicht darauf zu warten, bis der Groschen bei den Betroffenen fällt. Dadurch kann viel Leid, können viele falsche Erwartungen und Enttäuschungen vermieden werden. Gerade durch den hohen Bekanntheitsgrad des Burn-out-Syndroms gibt es viele Varianten, sich darüber zu informieren.

Ein gewisses Mass an Unsicherheit wird trotzdem bestehen bleiben, da man den individuellen Verlauf nicht vorhersagen kann. Dem begegnet man wiederum durch Miteinander-Reden, persönliche und gemeinsame Standortbestimmung und Abklärung, was wer von wem braucht.

Unterstützung geben und verlangen. Gemeinsame Gespräche sind in ihrer Wichtigkeit kaum zu überschätzen. Daher sollten sie regelmässig stattfinden. Inhaltlich können persönliches Befinden, Gedanken und Überlegungen, Pläne und Veränderungsabsichten besprochen werden. Das macht die Partner füreinander greifbar und schafft Verbundenheit. Gerade, wenn man nahe zusammenlebt, sollte einer von den Sorgen und Bedürfnissen des anderen wissen – und sie nicht erraten müssen. Wenn Sie merken, dass Sie sich in den Gesprächen im Kreis drehen, mag der Beizug einer Beratungsperson hilfreich sein. Grundsätzlich sollten die Gespräche Sie stärken. Ein weiterer wesentlicher Aspekt sollte der Ausdruck von Wertschätzung und Dank sein. Sagen Sie Ihrem Partner, was Sie an ihm freut, worauf Sie stolz sind, und danken Sie ihm für seine Leistung.

Zusammenfassung

Gesundheit wird je länger, je mehr ein gesellschaftliches Thema (vgl. Kontratieff). Damit steigt auch die Verantwortung des Einzelnen für sich selbst und für seine Angehörigen. Unterstützung und Hilfe in der Familie stellen wichtige Genesungsfaktoren dar. Um diese nicht leichtsinnig zu gefährden, ist ein kluger Umgang damit angezeigt. Was bedingt, dass sowohl die Angehörigen selbst wie auch das professionelle Helfersystem diesen Ressourcen Sorge tragen. Dies geschieht durch eine frühzeitige Überprüfung der Energiereserven sowie durch aktive Hilfestellung von professioneller Seite. Burn-out-Betroffene wie auch deren Angehörige können sich ihrerseits aktiv um eine Balance zwischen Belastungen und Erholungszeiten kümmern und sich bei Bedarf an Spezialisten wenden.

ROLF HEIM

RATGEBER FÜR PERSONALFACHLEUTE

Ausgangssituation

In Schweden und anderen Ländern gehört das Phänomen Burn-out zum Alltag, es wird mit grösserer Selbstverständlichkeit behandelt. Es wird offen darüber gesprochen, das Syndrom gehört schon fast in einen Lebenslauf als Ausdruck von hohem Engagement. Hierzulande hat sich die Situation in den letzten Jahren zwar massiv entschärft, auch hier reden die Leute jetzt freier über ihr Befinden. Und trotzdem schwingt für viele, Betroffene und Nichtbetroffene, ein Anklang von etwas wie Unfähigkeit mit. Unfähigkeit, Stress auszuhalten, Nein zu sagen, sich abgrenzen und delegieren zu können. Unfähigkeit, die Übersicht zu behalten, zu planen, rechtzeitig die Kurve zu kriegen, sich gegen die Leistungsforderung durchzusetzen. Es nagt der Gedanke: «Wenn ich es richtig gemacht hätte, wäre es zu verhindern gewesen.» Burn-out scheint vergleichbar zu sein mit einem «Energiebankrott» – es fällt einem schwer, sich damit als Held zu fühlen.

Auch ein Betrieb kommt zu zweifelhaften Ehren, wenn Mitarbeitende an einem Burn-out erkranken. Leicht gerät er in den Verdacht, die Mitarbeitenden auszusaugen, zu verheizen, ohne Rücksicht auf deren Gesundheit. Heisst es doch im Arbeitsgesetz, dass der Betrieb für die Gesundheit der Mitarbeitenden verantwortlich sei und diese vor schädigenden Einflüssen zu schützen habe. Somit streiten sich Vertreter von Arbeitgeber- und Arbeitnehmerseite, wer denn nun schuld sei: der Arbeitsplatz oder der Betroffene. Personalfachleute wiederum stehen oft in einer Art Sandwichposition. Einerseits vertreten sie die Interessen des Betriebes, der verständlicherweise jederzeit leistungsfähige Mitarbeitende haben möchte. Andererseits bringt es der Berufsstand mit sich, dass auch die Interessen der Mitarbeitenden durchgesetzt werden sollen. Insbesondere Fragen um die Gesundheit und Vereinbarkeit von Arbeit und Privatleben. Die Personalabteilung gilt vielerorts als das ethische Gewissen in einem von Zahlen diktierten Umfeld. Dementsprechend wirft die Entwicklung eines Burn-out-Syndroms im Betrieb wichtige und schwierige Fragen auf:

- Wie lang dauert die eingeschränkte Leistungsfähigkeit?
- Wie werden die fehlenden Ressourcen im Team ergänzt?
- Hat der Betrieb ursächlich etwas mit der Krankheitsentwicklung zu tun?
- Welche Massnahmen zur Integration des Betroffen müssen ergriffen werden?
- Sind weitere präventive Schritte notwendig?

Oftmals sind Personalfachleute mit diesen Fragen alleingelassen. Die Vorgesetzten, die Geschäftsleitung, Kollegen im Team und Betroffene selbst wollen Antworten haben, die die Personalfachleute auch nicht kennen. Solche Spannungssituationen neigen dazu, unsachlich und emotional diskutiert zu werden. Mit der Konsequenz, dass Missverständnisse entstehen und daraus weitere Spannungen. Das muss nicht so sein.

Kontrollverlust und Unsicherheit

Das Burn-out-Syndrom wird im Arbeitsalltag meist sehr emotional diskutiert. Das rührt unter anderem daher, dass eine lang imaginierte Kontrolle verloren geht. Der Betroffene erlebt die Situation in etwa folgendermassen: Plötzlich geht nichts mehr, die Konzentration am Ende, das Gedächtnis ein Sieb, Haltung und Souveränität weichen Impulsivität und Hektik, aus Vertrautheit und kollegialer Nähe wird Distanz und Argwohn. Und er kann die Symptome nicht kontrollieren, erlebt sich als hilflos. Was ihn, solange er die Energie dazu noch aufbringen kann, auch wütend machen kann auf die möglichen Verursacher: Vorgesetzte, Geschäftsleitung, Personalabteilung. Schliesslich berichten die Medien immer wieder, wie es ein Betrieb besser machen könnte. Sucht der Betroffene dann therapeutische Hilfe, hört er dort ständig, dass er sich besser abgrenzen muss, mehr auf die eigenen Bedürfnisse hören soll (von denen er bis anhin vielleicht gar nicht wusste, dass sie existieren) und diese gegenüber Dritten durchzusetzen habe. So tritt er in der Folge dem Arbeitsumfeld tendenziell fordernd gegenüber.

Aber auch für den Betrieb geht Kontrolle verloren. Wo der Vorgesetzte lange Zeit sich auf seinen Mitarbeitenden hat verlassen können, ihm allenfalls mit einem guten Wort oder ein paar Informationen wieder auf die Sprünge half, geht nun nichts mehr. Und das vielleicht schon seit Monaten; schleichend nahmen die Leistungen ab. Möglicherweise dachte der Vorgesetzte, dass es sich nur um eine vorübergehende Krise handle und sich die Lage schon wieder stabilisiere. Und jetzt, wo er mit seiner Geduld schon fast am Anschlag ist, kommt ein Arztzeugnis auf seinen Tisch und sagt ihm distanziert und trocken, dass der Betroffene in den nächsten drei Monaten gar nicht mehr zur Arbeit erscheint. Der Vorgesetzte steht nun da, mit Pendenzen wochen- und monatelang im Rückstand und der Aussicht, dass ihm eine wichtige Arbeitskraft weitere Monate fehlt – wenn sie überhaupt wieder zurückkommt. Und er kann daran nichts ändern. Somit neigt auch der Vorgesetzte dazu, Forderungen an den Betroffenen zu stellen – sobald er ihn wieder zu Gesicht bekommt.

Auf beiden Seiten wird auf den Kontrollverlust traditionellerweise mit Angst, Enttäuschung, Wut reagiert. Was sich meist in einer fordernden Haltung niederschlägt. Natürlich gibt es auf beiden Seiten auch die Möglichkeit der Reflexion, des Erkennens der eigenen Verantwortung. Diese Haltung kann im

Umgang mit der Gegenseite zu Schuldgefühlen und Eingeständnissen führen und zur Bereitschaft, dem anderen entgegenzukommen und begangene Fehler zukünftig zu vermeiden. Auf einer solchen Basis lässt sich deutlich leichter zusammenarbeiten; trotzdem gilt es auch hier, unten stehende Ideen zu berücksichtigen.

Per Dialog zu Lösungen

Grundlage einer erfolgreichen weiteren Zusammenarbeit ist die Wertschätzung aller Beteiligten jedem Beteiligten gegenüber. Warum diese komplizierte Ausdrucksweise für etwas, was einem intuitiv doch schnell einleuchtet? Es ist eben nicht nur so, dass Ressentiments auf der Ebene Vorgesetzter – Mitarbeiter bestehen. Auch auf der Ebene Personalabteilung – Führung und Personalabteilung – Mitarbeiter kann es zu Spannungen gekommen sein. Und mindestens der Betroffene steht in Spannung zu sich selbst, da eine Kursänderung in der Denkweise immer mit Abkehr von Bekanntem verbunden ist. Vielleicht erkennt er, dass seine Ziele zu hochgesteckt waren, dass er nicht wirtschaftlich mit seinen eigenen Kräften umgegangen ist, dass er zu wenig auf seine emotionalen Bedürfnisse achtete. Und das kann sehr schmerzlich sein.

Nun soll es hier aber nicht psychoanalytisch, sondern praktisch zugehen. Wertschätzung im Umgang mit allen Beteiligten bedeutet:

- Verzicht auf Schuldzuweisungen
- Anerkennen, dass jeder das ihm Bestmögliche versucht hat
- Zusammenarbeit in der Gestaltung weiterer Perspektiven
- Transparenz bezüglich Befindlichkeit/Leistungsfähigkeit (Betroffener) und Erwartungen (Vorgesetzter)
- Eingeständnis von Unsicherheit und Klärung des Umgangs damit

Auf diese Weise kann ein Klima geschaffen werden, das sowohl der Genesung des Betroffenen dient wie auch der Optimierung der Arbeitsorganisation. Für viele Betroffene stellt der Arbeitsplatz eine wesentliche Stütze ihrer Persönlichkeit dar, und Unklarheiten in diesem Rahmen stören die Regeneration. Wogegen Sicherheit und Zuversicht, wieder eine sinnvolle Tätigkeit in einem angenehmen Arbeitsklima aufnehmen zu können, die Selbstheilungskräfte stärken. Somit ist mit einem wertschätzenden Umgang allen Beteiligten gedient. Konkret bedeutet das nun, offene Fragen in der Zusammenarbeit zwischen Betroffenen, Vorgesetzten und Personalfachleuten zu klären. Letztere haben dabei die Funktionen einer Fachperson im Bereich Führung, Organisation und Mediation inne. Sinnvollerweise laufen auch Kontakte mit den medizinischen Stellen (Hausarzt, Psychotherapeut, Klinik) über sie – immer im Einverständnis mit dem Betroffenen, versteht sich. Sie unterstützen somit den Vorgesetzten, nehmen ihm Arbeit ab und beraten den Mitarbeitenden – immer mit der strikten Verpflichtung zur Transparenz.

Das Ziel dieser Zusammenarbeit kann und darf nun nicht «Kontrolle» sein – das wäre zu schwierig. Erreichbar ist jedoch ein hohes Mass an Information, was eine Optimierung des Prozesses erlaubt. Und das gehört in die Kompetenz der Personalabteilung. Im Folgenden sollen nun häufige Fragen grob erläutert werden, ergänzt mit Angaben, wie weitere fehlende Informationen erhalten werden können.

Transparenz als Grundstein der Zusammenarbeit
Schon während des (teilweisen) Ausfalls des Mitarbeitenden sollten folgende Aspekte geklärt werden:

- Wie konnte es so weit kommen?
- Wie lang dauert die teilweise Arbeitsunfähigkeit?

- Welche Massnahmen sind geplant?
- Wie sieht die Zusammenarbeit in der Zukunft aus?
- Welche gegenseitigen Erwartungen bestehen?
- Gemeinsamer Umgang mit zukünftigen Unsicherheiten

Wie erwähnt, ist der Verlust von Sicherheit und Kontrolle etwas dem Burn-out-Syndrom Inhärentes. Daher ist es am einfachsten, sich diesen Unsicherheiten zu stellen und praktische Lösungen zu finden – im gemeinsamen Dialog. So können vorhandene Ressourcen koordiniert und optimal eingesetzt werden. Natürlich werden dadurch nicht alle Unsicherheiten verschwinden. Aber es läuft besser, als wenn die Beteiligten noch Energie verschwendeten, indem sie sich gegeneinander abgrenzen und verteidigen müssten. Sobald eine gemeinsame Zieldefinition feststeht, kann die Aufmerksamkeit darauf gerichtet werden, diese zu erreichen.

Im Folgenden sollen ein paar Erklärungsmodelle helfen, den gemeinsamen Prozess zu erleichtern und voranzutreiben. Dabei handelt es sich um Angebote und Vorschläge, nicht um Vorschriften. Im einzelnen Fall werden die Beteiligten möglicherweise zu individuell besseren Lösungen kommen.

Wie sieht die Zusammenarbeit in der Zukunft aus?

Obwohl diese Frage von den Betroffenen in der Regel nicht als erste gestellt wird, sollte sie als Erstes beantwortet werden. Denn nur so lässt sich erkennen, welcher Aufwand und welche Bemühungen gerechtfertigt sind. Denn vielleicht möchte ein Betroffener gar nicht mehr im alten Team oder gar in der Firma arbeiten. Oder ein Vorgesetzter ist nicht mehr bereit, den Betroffenen weiter zu beschäftigen. Dann erübrigten sich viele Fragen, und Zeit und Energie liessen sich sparen. Somit sollte so früh wie möglich geklärt werden.

Wird der Mitarbeiter weiterhin in diesem Team arbeiten?
Bestehen dazu valable Alternativen, im Betrieb oder ausserhalb? Erfahrungsgemäss verändern sich die Bedürfnisse im Laufe der Jahre. Untersuchungen zeigen, dass je nach Betrieb 10 bis 30 Prozent der Mitarbeitenden am falschen Ort, in der falschen Position, im falschen Team etc. arbeiten. So gehen für alle Beteiligten wertvolle Ressourcen verloren.

Welche Arbeiten umfasst sein Stellenprofil in der Zukunft?
Viele Firmen realisieren nach dem Zusammenbruch eines Mitarbeiters, dass die Arbeit nicht optimal verteilt war. Daraus ergeben sich arbeitsorganisatorische Veränderungen, die häufig auch anderen Mitarbeitenden zugute kommen. Neue Stellen werden geschaffen oder Arbeitsprozesse angepasst. Die verbesserte Wirtschaftslage der letzten Jahre hat sich in vielen Betrieben nur einseitig ausgewirkt: als Zunahme des Arbeitspensums, ohne personelle Konsequenzen – zu wenige Mitarbeiter erledigen eine ständig wachsende Menge an Arbeit.

Welches Arbeitspensum soll es sein?
Immer wieder realisieren Betroffene, dass sie mit einer Teilzeitarbeitsstelle zu mehr Lebensqualität kommen – auch wenn dadurch der Lohn sinkt. Wenn eine Firma hier Hand bieten kann, ist dies für beide Seiten eine grosse Bereicherung. Denn der Mitarbeitende kommt erholter und zufriedener aus dem Wochenende, und seine Leistungen steigen.

Welche gegenseitigen Erwartungen bestehen?
Immer wieder gibt es viel Unausgesprochenes in einem Team, unausgesprochene Erwartungen, stillschweigende Arbeitsabläufe und mehr. Klärende Gespräche können Missverständnisse aufdecken. Und die so gewonnene Klarheit setzt wieder mehr Energie frei – da man sich darauf konzentrieren kann, was wirklich wichtig ist.

Herrschen Klarheit und Einigkeit in Bezug auf oben genannte Fragen, ist es deutlich einfacher, gemeinsam Lösungen zu erarbeiten und Ziele zu erreichen. Vielleicht braucht es zur Klärung aber mehr als ein Gespräch. Dann sollte grossen Zielen gegenüber Zurückhaltung geübt werden. Stattdessen sollten Teilziele angestrebt werden (beispielsweise eine vorrangige Erholung des Betroffenen), und die Ausgabe von Ressourcen sollte diesen Teilzielen entsprechen.

Wie lange dauert die (teilweise) Arbeitsunfähigkeit?

Verständlicherweise möchten alle Beteiligten wissen, wann wieder mit dem Normalzustand gerechnet werden kann. Die Beantwortung dieser Frage hängt jedoch von so vielen sich gegenseitig beeinflussenden Faktoren ab, dass eine sichere zeitliche Voraussage nicht möglich ist. Generell gilt es die folgenden Punkte zu beachten.

Belastungen

Es muss geklärt werden, unter welchen Belastungen der Betroffene steht. Dabei spielen nicht nur sichtbare Belastungen wie Arbeitsvolumen, Weiterbildungen, private Verpflichtungen, finanzielle Schulden etc. eine Rolle. Auch sogenannte «unsichtbare» Belastungen schlagen energiemässig zu Buche, wie beispielsweise vermutete Erwartungen, erlebte Enttäuschungen und Frustrationen, Anpassung an veränderte Lebensumstände (Heirat, Scheidung, Geburt eines Kindes, Hauskauf, Umzug). Gerade diese unsichtbaren Belastungen sind im Alltag schwer zu erkennen und werden meist unterschätzt. Alle Belastungen sollten aufnotiert werden, um Wege zu finden, diese zu reduzieren. Gelingt dies schnell und effektiv, verkürzt sich die Arbeitsunfähigkeit rasch. Werden nicht alle Belastungen berücksichtigt oder läuft die Reduktion harzig, kann sich die Arbeitsunfähigkeit monatelang hinziehen.

Situation am Arbeitsplatz

Ähnlich der Analyse des Betroffenen ist eine solche des Arbeitsplatzes angebracht. Gibt es Regulationshindernisse? Ist die Arbeit organisatorisch sinnvoll verteilt? Ist das Pensum überhaupt zu bewältigen? Wie steht es um das Arbeitsklima? Herrscht eine offene, transparente und wertschätzende Kommunikationskultur? Erhalten die Mitarbeitenden anerkennendes Lob und konstruktiv-faire Kritik? Ist den Mitarbeitenden klar, was der Vorgesetzte von ihnen erwartet?

Wie erwähnt, erleichtert Transparenz die Zusammenarbeit. Und der Betroffene muss Freude haben, sich wieder voll am Arbeitsplatz sich einzusetzen. Ablehnung und Angst wirken sich sehr negativ auf eine Gesundung aus.

Einstellung des Betroffenen

Nichts ist so schwierig zu verändern wie eine Haltung. Viele Betroffene erwarten von sich selbst sehr viel – und überfordern sich schliesslich damit. Dazu gehören Vorstellungen von hohem Einsatz, Pflichtbewusstsein, Perfektionismus und eine prinzipiell «annehmende» Haltung: Vermeidung von Konflikten und Auseinandersetzungen, Verzicht auf Erfüllung von privaten Bedürfnissen, Vernachlässigung der eigenen Erholungsfaktoren zugunsten des Geschäftes und so weiter. Mit dieser Grundhaltung haben es die Betroffenen oft weit gebracht, erlebten Bestätigung und Erfolg über Jahre hinweg. Das macht es schwer, sich von einzelnen Vorstellungen zu lösen.

Dennoch darf nicht übersehen werden, dass eben diese Einstellung zum Burn-out geführt hat. Betroffene äussern oft den Wunsch, wieder so zu sein wie früher. Ungern weise ich sie jeweils darauf hin, dass genau ihr Verhalten von früher sie in diese Situation gebracht hat. Es geht also nicht um ein «Zurück zum Alten, als alles noch gut war». Sondern es geht um das

Finden eines neuen Wegs, auf dem es solche Abstürze nicht mehr gibt. Und dieser Suchprozess kann unterschiedlich lang dauern.

Insgesamt ist es auch für den Experten schwierig, einen bestimmten Zeitraum anzugeben. Zwar erholt sich der Grossteil der Betroffenen innerhalb eines halben Jahres nach dem Zusammenbruch, und im Einzelfall ist es möglich, eine Hospitalisation zu verhindern, wenn alle Beteiligten rasch reagieren und ändern, was notwendig ist. Andererseits kann die Baustelle so gross sein, dass es ein bis zwei Jahre dauert, bis der Betroffene wieder «im grünen Bereich ist». Auf jeden Fall lohnt sich eine frühzeitige Analyse, um zu sehen, wie gross der Schaden respektive das Energiedefizit ist. Dies gibt Aufschluss auf den Grad der Erkrankung und lässt grobe Prognosen bezüglich der Arbeitsfähigkeit zu.

Welche Massnahmen sind geplant?
Sobald klar ist, dass beide Seiten an einer Integration des Mitarbeiters interessiert sind, werden Massnahmen getroffen, um diese so bald und erfolgreich wie möglich zu realisieren. Diese lassen sich im Wesentlichen aus der oben genannten Analyse ableiten. Damit ist es wichtig, dass der Betroffene, der Vorgesetzte und bestenfalls auch der Personalverantwortliche sich unabhängig voneinander Gedanken machen. In einem gemeinsamen Gespräch, bei dem auch ein Experte zugegen sein kann, werden die unterschiedlichen Wahrnehmungen zusammengetragen und gemeinsam an einer Lösung gearbeitet. Folgende Vorschläge dienen der Übersicht, sind aber nicht als Handlungsanweisung gedacht.

Mögliche Massnahmen am Arbeitsplatz
- Administration und Organisation optimieren (in Absprache mit dem Betroffenen, um herauszufinden, was ihm am meisten bringt)

- Arbeitsvolumen gegebenenfalls anpassen
- Kommunikationskultur verbessern
  (Feedback, Lob, Kritik, Fehlerkultur)
- Organisation einer Aushilfe

Mögliche Massnahmen beim Betroffenen

- Reduktion des Arbeitspensums, z.B. nur noch am Morgen zur Arbeit (50 Prozent); der Mittwoch als Freitag (80 Prozent); am Abend eine oder zwei Stunden früher gehen (90 resp. 75 Prozent)
- Hospitalisation in einer Reha-Klinik (z. B. Klinik Meiringen BE, Klinik Gais AR, Klinik Littenheid TG, Klinik Schützen AG)
- Teilnahme an einem Entschleunigungsprogramm (Dauer drei bis fünf Tage, z. B. Medizinisches Zentrum Bad Ragaz SG)
- Coaching oder Psychotherapie, um Belastungen zu eruieren und Lösungen zu finden; Hinterfragen der bisher gesetzten Ziele und der zu deren Erreichung angewendeten Methoden
- Steigerung der sportlichen Betätigung ohne olympische Erwartungen
- Aus- und Aufbau der sozialen Kontakte (sind oftmals etwas eingeschlafen)
- Entspannungstraining, z. B. Yoga, Tai-Chi, Qi Gong, autogenes Training, progressive Muskelrelaxation, Atemübungen, Meditation
- Passive Entspannung, z. B. Massage, Atemtherapie, Kraniosakraltherapie
- Förderung von Hobbys (die oft schon lang vernachlässigt wurden)

Wie konnte es so weit kommen?

Natürlich will der Mensch wissen, wie und warum es zu einer Situation gekommen ist. Dabei spielt ihm aber sein eigener blinder Fleck einen Streich. Denn obwohl er vorgibt, offen zu sein und jede Antwort anzunehmen, filtert er doch gern jene Antworten heraus, die aufzeigen könnten, dass er die Verantwortung für das Erlebte trägt. Die Folge: Alle Beteiligten haben unterschiedliche Auffassungen und versuchen, die anderen von der eigenen Betrachtungsweise zu überzeugen. Und fühlen sich selbst verständlicherweise überhaupt nicht verstanden, da sie erleben, dass die anderen sie nur von ihrer eigenen Betrachtungsweise zu überzeugen versuchen. Unfruchtbare Auseinandersetzungen sind die Folge.

Wie kommt man aus dieser verfahrenen Situation heraus? Die Antwort ist einfach, lässt sich aber nicht ganz leicht umsetzen. Es ähnelt einer Auseinandersetzung in der Partnerschaft: Jeder meint, der andere trage die Verantwortung für das Erlebte. Die Wahrheit aber liegt in der Mitte: Jeder der Betroffenen hat seinen Teil dazu beigetragen. Welcher Teil nun schliesslich entscheidend für das Desaster war, lässt sich nie mit Sicherheit bestimmen. Sicher hat der Betroffene zu wenig auf seine Bedürfnisse geachtet, hat zu viel gemacht und zu wenig Arbeit abgelehnt, sich zu wenig deutlich von den Anforderungen distanziert. Und sicher hat der Vorgesetzte zu wenig auf die Ressourcen des Betroffenen geachtet, hat ihm zu viel zugemutet, auf Signale und Hinweise des Betroffenen zu wenig reagiert. Somit haben beide zur Entwicklung der Situation beigetragen. Das Beruhigende dabei: Wenn beide etwas dazu beigetragen haben, dass es so weit gekommen ist, gibt es auch die Möglichkeit, gemeinsam etwas zu tun, damit es in Zukunft anders läuft.

Also sollte die Frage «Wie konnte es so weit kommen?» nicht auf Schuldzuweisung hinauslaufen, sondern zur Frage führen: «Was wollen wir gemeinsam und jeder für sich ändern, damit das Gewünschte daraus resultiert?» Also strikte Ziel- und Lösungsorientierung.

Gemeinsamer Umgang mit zukünftigen Unsicherheiten
Auch bei bester Planung und optimalem Verlauf lässt sich doch keine Sicherheit geben bezüglich eines Rückfalls. Das heisst, der Mensch muss mit dieser Unsicherheit leben. Jedoch soll das nicht heissen, bis ans (Arbeits-)Lebensende ständig an das Damoklesschwert zu denken, sich nichts mehr zuzutrauen und auf Sparflamme zu leben. Wenn Unsicherheit als Teil des Alltags betrachtet wird, lässt sich ein bewusster Umgang damit finden. Beispielsweise lässt sich die Sensibilität für Warnzeichen erhöhen (siehe «Ratgeber für Angehörige»). Solange diese nicht auftreten, besteht Grund zur Annahme, dass es gut läuft. Vielen Klienten empfehle ich den Tages- oder Wochenrückblick (siehe unten). Es soll eine regelmässige Belastungsanalyse stattfinden, etwa zwei- bis dreimal pro Jahr. Strategien können entwickelt werden, um Frühsymptome schnell und effektiv anzugehen, beispielsweise über die Auseinandersetzung mit dem Thema – die Literatur diesbezüglich wächst ja monatlich.

Zentral für diesen Abschnitt ist einmal mehr der gemeinsame Dialog. Jedes Tabuthema erschwert die Zusammenarbeit, während Offenheit und Transparenz diese erleichtern. Gerade zu Beginn des Wiedereinstiegs sollten regelmässige Gespräche zwischen Betroffenem und Vorgesetzten stattfinden; allenfalls im Beisein des Personalverantwortlichen. Somit können das gegenseitige Vertrauen gestärkt und mögliche Unklarheiten früh geklärt werden.

Tages- und Wochenrückblick
- Während 10 bis 20 Minuten werden in Gedanken Hochs und Tiefs nochmals durchgegangen (möglichst ungestört an einem ruhigen Ort)
- Die eigenen Gefühle und Bedürfnisse werden achtsam wahrgenommen
- Über Annehmlichkeiten freut man sich bewusst

- Unangenehme Situationen auf Wiederholungsaspekt prüfen
  ➜ Lösung dafür überlegen
- Einmalige Unannehmlichkeiten bedauern und bewusst zur Seite legen
- Sich überlegen, welche Bedürfnisse im Alltag zu wenig beachtet werden ➜ Massnahmen treffen
- Mit etwas Stolz, dass man sich die Zeit für den Rückblick genommen hat, und einem guten Gefühl abschliessen

Zusammenfassung

Das Burn-out-Syndrom stellt eine grosse Belastung für den Betroffenen und alle Beteiligten dar. Gerade das Umfeld am Arbeitsplatz kann darunter erheblich leiden. Wird das Phänomen aktiv angegangen und werden mit Offenheit und Wertschätzung Gespräche geführt, ist es möglich, den Schaden zu begrenzen, aus der Situation Lehren zu ziehen und sie zu verbessern. Es handelt sich dabei zweifellos um eine schmerzliche Erfahrung. Umso mehr sollte den Kosten auch ein Nutzen gegenüberstehen. Und dieser kann für alle Beteiligten mehr Lebensqualität, Vereinfachung der Arbeitsabläufe und generell eine Steigerung des Wohlbefindens am Arbeitsplatz bedeuten.

Personalfachleute stehen oft in einer Art Sandwichposition.

RENATE

UND ICH STAND NUR DANEBEN

Es beginnt an einem Sommertag. Mein Mann Peter äussert, dass es ihm beim Fahren durch einen Tunnel so komisch werde. Einmalige Schwäche, denke ich und gebe nicht viel darum. Doch die Symptome wiederholen sich. Der erste Hausarztbesuch ergibt einen zu hohen Blutdruck, und der Arzt sagt zu meinem Mann, dass ihm eine Pause nicht schaden würde. Die Pause kommt ungewollt. Peter reisst sich die Achillessehne! Er wird sechs Wochen krankgeschrieben.

Doch die Symptome wie Kopfweh, Verspannungen, Schwindel treten immer wieder auf. Leider kann mein Mann in dieser Zeit keinen Sport treiben. Doch auch nach den sechs Wochen Gips ist er nicht bereit, wieder etwas für seine Gesundheit zu tun. Die Arbeit fängt ihn schon kurz nach dieser Pause wieder rasant ein. Er wirkt müde, abgespannt und lustlos. Klagt immer mehr über Kopfweh und Schwindel. Der Arzt untersucht ihn gründlich: Augen, Ohren, Herz und Kopf scheinen in Ordnung zu sein. Auch bei der Arbeit läuft scheinbar alles bestens, sagt jedenfalls mein Mann. Er habe einfach viel um die Ohren.

Manchmal bringe ich ihn morgens aber fast nicht aus dem Bett. So vergeht Monat um Monat. Peter hat keine Lust mehr auf Besuche, treibt keinen Sport mehr, geht nur noch selten mit dem Hund spazieren. Sein Leben besteht nur noch aus Arbeit, Essen, Schlafen!

Bald isst mein Partner sich 15 Kilo an. Er wird phlegmatisch und unbeweglich.

Ich unternehme immer öfter etwas allein: Ich treibe viel Sport oder besuche Freunde. Wenn ich manchmal spät nach Hause komme, bemerke ich die Atemaussetzer meines Mannes beim Schlafen. Diagnose: Schlafapnoe. Ist das der Auslöser all dieser Symptome? Mit Sauerstoffzufuhr in der Nacht will man diesen Aussetzern entgegenwirken.

Statt meines stattlichen Mannes liegt nun ein «Astronaut» neben mir im Bett, der mich mit sanften Geräuschen die ganze Nacht «unterhält» ... Doch getrennte Zimmer kommen nicht in Frage!

Der Arzt rät ihm, mindestens zehn Kilo abzunehmen. Und weist ihn auf die Gefahr eines Schlaganfalls hin.

Mittlerweile ist schon ein Jahr vergangen. Ich vermisse meinen aktiven, sportlichen Partner. Ich vermisse unsere Gespräche, unsere gemeinsamen Spaziergänge. Peter zieht sich mehr und mehr zurück. Er ist desinteressiert, auch gegenüber der Familie. Er vergisst vieles, manchmal sogar das Duschen. Alles ist negativ, alles egal!

Ich habe Angst! Die Symptome sind trotz Sauerstoff geblieben. Er hat sich verändert. Er ist nicht mehr der Gleiche, nicht jener Mann, den ich nach 21 Ehejahren zu kennen glaubte.

«Was ist mit dir los? Was hast du?» Ich bekomme keine Antwort, da er ja gar nicht mehr mit mir spricht. Er nimmt mich nicht mehr wahr, ich existiere nicht mehr für ihn.

Ich bin traurig, verletzt. Wo sind seine Zärtlichkeiten, sein Humor, seine Liebe? Ich fühle mich im Stich gelassen, fühle mich verlassen und sehr einsam. Wo ist mein Partner, mein bester Freund?

Ich habe niemanden, mit dem ich mein Leid teilen kann. Ich fühle mich so allein. Ich bin verwirrt, da er fast normal wirkt, wenn mal Besuch kommt oder wir mit anderen Leuten zusammen sind! Er wirkt aufgekratzt und spielt den Unterhalter. Ich werde fast verrückt. Wer ist er? Hat er zwei Gesichter?

Vielleicht liegt es an mir? Vielleicht bin ich empfindlich geworden? Mach ich was falsch? Liebt er mich nicht mehr, abgenutzt nach 21 Jahren?

Die Zeit schwindet dahin, wir machen weiter. Ich kämpfe für meine Familie.

Den Herbst beginnen wir mit einem Trainingsprogramm und einer Diät. Es ist nicht einfach, einen übergewichtigen, lustlosen, müden, an Kopfweh und Schwindel leidenden Mann zu bewegen! Jetzt bin ich die Böse.

Ich animiere oder versuche es zu mindest, meinen Mann auf Trab zu bringen. Süsses und Bier werden aus dem Speiseplan gestrichen. Es braucht viel Geduld und Kraft. Neben Arbeit, Hausarbeit, Kindern und Hund. Manchmal schaffe ich es kaum und bekomme eine Wut auf meinen «bequemen» Mann. Auch die Kinder bekommen die Spannungen mit und stellen sich auf die Seite des armen kranken Papi, der nichts zu essen bekommt.

Manchmal mag ich all das nicht mehr hören, will einfach weg. Wer weiss denn schon, was abgeht? Ich kämpfe aber weiter und versuche, Unterstützung zu bekommen. Ein Bruder holt ihn zum Tennis, ein Freund zum Fussball ab. Allein würde er nie hingehen, aber für andere macht er alles.

Die Spannungen zwischen uns spitzen sich aber mehr und mehr zu. Seine Lustlosigkeit und Trägheit schlagen in Aggression um. Er wird grob und verletzend in Worten und Taten; mir gegenüber, aber auch gegenüber den Kindern. Die blauen Flecken zeigen nur die äusseren Zeichen, in mir drin blutet es. Ich halte es kaum mehr aus. Nehme Abschied von meinem Partner! Das wars, mein Limit ist erreicht. Ich gebe auf und resigniere. Ich habe den Kampf verloren, mag nicht mehr.

Es ist, als ob die andere Hälfte in mir gestorben wäre. In mir sind Leere, Einsamkeit und tiefe Trauer. Ich fühle mich missbraucht, verachtet, gedemütigt und sehr verletzt.

Weihnachten steht vor der Tür, sonst würde ich gehen, so kann ich nicht mehr leben. Aber nicht jetzt, nicht für die Kinder. Die wenigen Freunde, die noch geblieben sind, helfen mir, mit Squashstunden oder bei einem Glas Wein, das Ganze auszuhalten.

Es ist der 22. Dezember kurz vor Heiligabend. Der Raubvogel packt zu! Mein Mann bricht vor seinem Computer im Büro zusammen. Er äussert Suizidgedanken, kann nicht mehr. Hausarzt und Psychologe werden eingeschaltet. Diagnose: Erschöpfungsdepression! Weil Weihnachten ist, lassen die Ärzte uns über diese Tage entscheiden, wie es weitergehen soll. Die Dienstwaffe wird meinem Mann abgenommen.

Nach langem hin und her beschliesst Peter, in eine Klinik zu gehen, und dies nur, weil ich sonst ausgezogen wäre. Weil ich äusserte, dass ich so nicht mehr weitermachen kann.

An einem Sonntag im Januar fahre ich meinen Mann in die Klinik. Es wird mir damit eine riesige Belastung abgenommen, mit dem bitteren Beigeschmack «Jetzt hast du ihn eingeliefert». Was ist nur aus uns geworden.

Sechs Wochen Klinik. Es ist eine harte Erfahrung für beide. Wir werden mit Tatsachen und Gefühlen konfrontiert, die uns bis dahin erspart geblieben sind. Die letzte Woche verbringen wir zusammen – Paartherapie. Da ich nicht weiss, wie ich mit meinem Mann und mit der Krankheit umgehen soll. Ich weiss nicht, wie ich die Verletzungen und Demütigungen vergessen soll.

Er ist immer noch anders. Es schmerzt. Er habe mehr als ein Jahr nichts mehr gespürt. Keine Arme, keine Beine, keinen Partner, keine Familie. Keine Umwelt, keinen Vogel! Nichts. Lauter Nichts! Er habe nur funktioniert.

Er bittet mich, weiterzumachen, bittet mich um Verzeihung.

Soll ich ihn jetzt hängen lassen, jetzt, wo er krank ist? Jetzt, wo er mich braucht? In guten und in schlechten Tagen. In Achtung und Ehrung ...

Ich versuche es, für uns, für unsere Familie. Ob ich es schaffe, weiss ich nicht, weiss nicht, ob meine Kraft noch genügt. Der Weg ist da, aber er ist steinig und meine Schuhe sind abgenützt und voller Löcher.

Mittlerweilen sind wieder drei Monate vergangen. Peter arbeitet jetzt halbtags, den Chefposten hat er abgegeben. Seine Vorgesetzten sind sehr einfühlsam. Bis Ende Juli soll eine definitive Lösung gefunden werden.

Peter ist aber sehr empfindlich geworden. Manchmal ist er manisch, manchmal depressiv. Sein Gleichgewicht hat er noch nicht gefunden, er arbeitet aber daran. Entspannungsübungen, Tai-Chi, Sauna und der Psychologe werden wöchentlich eingeplant. Den Wochenplan machen wir gemeinsam, allein hätte er noch Mühe, alles zu koordinieren. Er braucht noch jemandem, der ihm Struktur und Halt gibt. Sein Selbstwertgefühl hat sehr gelitten, er fühlt sich oft beobachtet und kontrolliert. Er ist noch so viel mit sich selber beschäftigt, dass ich manchmal nicht weiss, wo mein Platz ist. Ich frage mich oft, was echt ist und was gespielt.

Die Krallen des Raubvogels haben auch mich verletzt. Wunden brauchen Zeit! Ich habe bedingungslos geliebt und wurde dafür bestraft. Ich musste und soll stark sein. Auch dafür werde ich manchmal bestraft.

Was die Zukunft bringt, weiss ich nicht. Ob es sich gelohnt hat zu kämpfen? Ich hoffe es.

Nur so!
«Wenn ich mich zeige, so, wie ich bin, wenn ich dich sehe, so, wie du bist, passen wir vielleicht gar nicht mehr zusammen, so, wie wir sind», sagt der Zweifel.

«Nur wenn ich dich nehme, so, wie du bist, nur wenn ich mich gebe, so, wie ich bin, können wir uns nahe sein, so, wie wir sind», sagt die Liebe.

In Liebe, Renate

Seine Lustlosigkeit und Trägheit schlagen in Aggression um. Er wird grob und verletzend in Worten und Taten; mir gegenüber, aber auch gegenüber den Kindern.

INTERVIEW MIT HELEN

«ES GAB TAGE, DA FUNKTIONIERTE ICH NUR NOCH WIE AUF KNOPFDRUCK»

Helen F., verheiratet mit dem IT-Fachmann Werner, zwei Kinder. Helen erzählt im Gespräch, wie sie die Erschöpfungsdepression ihres Ehemannes miterlebt hat.

Wann realisierten Sie, dass mit Ihrem Partner etwas nicht stimmt?
Zuerst an den Wochenenden. Er hatte plötzlich keine Lust mehr, mit der Familie etwas zu unternehmen. Er war ständig müde und mürrisch. Früher hatte er noch regelmässig Sport getrieben. Auch dazu konnte er sich nicht mehr aufraffen. Er sass dann lieber vor dem Fernseher und zappte sich desinteressiert durch die Programme.

Was haben Sie gemacht?
Ich habe versucht, mit ihm zu reden. Ich fragte ihn, was nicht gut sei. Ich sprach ihn auch auf seinen Job an. Ich wusste ja, dass er sehr gern und viel arbeitet. Aber ich spürte auch, dass in die Arbeit auch stark belastete. Er führte die IT-Abteilung einer Bank, hatte viele Sitzungen, war oft noch spätabends im Büro.

Wie reagierte er?
Abweisend. Viel war ihm nicht zu entlocken. Er habe halt einen Haufen um die Ohren. Doch das wollte ich gar nicht mehr hören – das sagte er immer, wenn er nicht gut drauf war.

Und Sie haben das hingenommen?
Was sollte ich machen? Ich habe an den Wochenenden halt oft

allein mit den Kindern etwas unternommen. Ich hoffte immer, dass diese Phase bald vorübergehen und ich wieder den Mann haben würde, den ich geheiratet habe.

Wie verhielt sich Ihr Mann nach Feierabend?
Er war selten zum Nachtessen da. Morgens verliess er um halb sieben das Haus, abends kehrte er müde zurück. Meistens erst kurz vor acht Uhr. Er fragte kurz die Kinder, wie der Tag war, dann vertiefte er sich in die Zeitung. Bevor er zu Bett ging, beantwortete er noch E-Mails. Ich war da, das genügte ihm. Doch ich kam nicht mehr an ihn heran, er hatte keine Lust, mit mir zu sprechen.

Haben Sie mit anderen Menschen über den Zustand Ihres Mannes gesprochen?
Mit meiner besten Freundin. Sie riet mir, meinen Mann zu ermuntern, einen Arzt aufzusuchen. Ich selber habe in Erwägung gezogen, mit einer Fachperson in Kontakt zu treten. Ich habe es dann aber sein lassen. Was hätte ich denn erzählen sollen?

Wie haben die Kinder reagiert?
Sie waren damals am Anfang Ihrer Ausbildung. Sie fanden, der Papi sei ein Armer. Er brauche Ruhe. Das käme schon wieder.

Haben Sie später nochmals versucht, mit Ihrem Mann zu reden?
Immer wieder habe ich das versucht. Mal war ich sehr zärtlich zu ihm, hoffte, ihn etwas ablenken zu können. Ein anderes Mal reagierte ich ziemlich forsch und sagte ihm, dass ich das nicht mehr mitmachen würde. Ich sei auch noch da und habe Anrecht auf eine Beziehung, die diesen Namen verdient.

Und wie reagierte er?
Wenn ich aufbrausend war, ziemlich erschrocken. Meinen

Streicheleinheiten wich er aus. Früher hatten wir zwei-, dreimal in der Woche miteinander geschlafen. In den letzten Monaten vor seinem Zusammenbruch liess er mich gar nicht mehr an sich ran. Ich fragte ihn natürlich, weshalb nicht. Zuerst dachte ich ja noch, er hätte eine Geliebte. Aber er hatte einfach keine Lust auf Sex. Ich akzeptierte das, musste es akzeptieren.

Ihr Mann ist dann vor einer Sitzung im Büro zusammengebrochen.
Ja, er war für einen Moment weggetreten. Sie haben ihn dann nach Hause geschickt. Ich habe ihn dann sofort zum Arzt gefahren. Dieser hat ihn gründlich untersucht. Schliesslich hat er ihn an einen Arztkollegen überwiesen – einen Psychiater.

Wie haben Sie darauf reagiert?
Ich war sehr erschrocken, aber auch erleichtert. Erschrocken, weil mein Mann psychisch krank war. Erleichtert, weil ich nun wusste, warum sich mein Partner in den letzten Monaten so stark verändert hatte.

Und Ihr Mann?
Er war willenlos. Er liess es geschehen. Und er blieb drei Wochen in der Klinik und dann noch während fast dreier Monate zu Hause.

Haben Sie offen über den Zustand Ihres Mannes kommuniziert?
Ich habe mit den Kindern darüber gesprochen, mit den Eltern und den Schwiegereltern. Es war aber sehr schwierig. Die Krankheit sah man ihm ja nicht unbedingt auf den ersten Blick an. Was ich merkte: Selbst meine Kinder sind erschrocken, als ich von einer Depression gesprochen hatte.

Und die Kollegen?
Zuerst wartete ich ab. Irgendwann habe ich dann am Telefon

einem Kollegen davon erzählt. Dann habe ich mit den Nachbarn gesprochen. Wir wohnen in einem Einfamilienhausquartier. Da lässt sich so was nicht verbergen.

Wie waren die Reaktionen?
Mir schien, es gab ein gewisses Unverständnis. Es brauchte einige Gespräche, bis das Umfeld etwas mit der Krankheit anfangen konnte. Ich vermied auch tunlichst das Wort «Depression». Ich sprach nur noch von Burn-out.

Was hat Sie während dieser Zeit am meisten belastet?
Meinen Mann leiden sehen zu müssen und ihm nicht helfen zu können. Und da war auch noch die Ungewissheit, wie es in unserem Leben weitergehen würde. Das hat mich stark belastet. Denn irgendwann ist er selber zum Schluss gekommen, in seinem Leben etwas ändern zu müssen. Und beim Beruf wollte er anfangen.

Wie haben Sie diese schwierige Zeit gemeistert?
Es gab Tage, da funktionierte ich nur noch wie auf Knopfdruck. Doch ich wollte mir nichts anmerken lassen. Ich versuchte, zu Hause eine Oase zu schaffen. Ich hörte meinem Mann zu, wenn er reden wollte. Ich liess ihn in Ruhe, wenn er nicht sprechen wollte.

Wie hat sich die Krankheit auf Ihre Ehe ausgewirkt?
Als es meinem Mann besser ging und er bereits wieder neue Pläne schmiedete, rückten wir näher zusammen als je zuvor. Es war eine schöne und intensive Zeit. Doch ich spürte auch, dass sich mein Mann verändert hatte. Er war viel feinfühliger und sensibler geworden. Er wusste nun, was in seinem Leben wichtig war. Er arbeitet heute wieder sehr viel, gönnt sich aber auch immer wieder Auszeiten. Er hatte das Glück, einen Job in einer anderen Firma zu finden. In diesem Unternehmen wird

stark auf die Bedürfnisse der Mitarbeitenden Rücksicht genommen. Mein Mann führt aufgrund seiner Erfahrungen sogar eine Arbeitsgruppe, die sich für die Gesundheit im Unternehmen einsetzt.

Und wie geht es Ihnen heute?
Eigentlich geht es mir gut. Nachdem es meinem Mann etwas besser ging, bin ich selber in ein Loch gefallen. Ich habe mir auch erlaubt, eine Auszeit zu nehmen. Ganz allein ging ich für zwei Wochen in die Berge. Das hat mir gut getan.

Was raten Sie anderen, die sich in der gleichen Situation befinden, in der Sie sich befunden haben?
Das ist schwierig. Jeder Mensch ist anders, reagiert anders. Ich habe einfach gemerkt, dass meine Worte und Warnungen ungehört blieben. Für Kollegen und Angehörige ist das sehr schwierig nachzuvollziehen. Wer sich in der Abwärtsspirale befindet, dem geht es noch lange Zeit sehr gut. Die Betroffenen kommen erst ins Grübeln, wenn sie selber eine Veränderung bei sich feststellen; etwa Verspannungen, Schlafstörungen, Gereiztheit, Ängste oder Mutlosigkeit. Und meistens ist es dann schon zu spät.

Foto: Patrick Lüthy, www.imagepress.com

Ruedi Josuran (*1956) war während Jahren beliebter Moderator beim Schweizer Radio DRS 1. Beruflich machte er zuvor Station bei Radio 24 und bei Radio Zürisee.
Josuran hat sich auch als Buchautor einen Namen gemacht. In seinem ersten Werk, *Mittendrin und nicht dabei,* beschrieb er seine Depression und trug damit wesentlich zu einer teilweisen Enttabuisierung dieser Krankheit bei. Sein zweites Buch trägt den Titel *Von Mann zu Mann – Männerfreundschaft und Männerkommunikation.*
Heute gibt der ausgebildete Coach für Krisenintervention seine Erfahrungen beruflich weiter. Er bietet Soforthilfe bei Mobbing, Burn-out, Depressionen oder anderen Krankheiten an. Er begleitet Menschen in der Trauer, bei Beziehungskonflikten und bei Problemen am Arbeitsplatz. Zudem ist Josuran ein gefragter Referent und Seminarleiter im In- und Ausland.

Homepage: www.ruedijosuran.ch
Burn-out-Blog: http://ruedijosuran.blog.ch

Rolf Heim arbeitet seit acht Jahren am Institut für Arbeitsmedizin, Baden, und in eigener Praxis in Holderbank AG. Spezialisierung im Bereich arbeitsassoziierte psychosoziale Erkrankungen und Phänomene wie Burn-out, Mobbing, Stress u. a. Haupttätigkeitsgebiete sind Psychotherapie und Coaching, Krisenintervention, Supervision, Paartherapie, Kaderschulungen und Workshops in den genannten Bereichen. Zusätzlich arbeitet er als Yoga- und Meditationslehrer und begleitet Sterbende und deren Angehörige.

www.arbeitsmedizin.ch
www.lebenundsterben.ch

Thomas Knapp (*1961) hat sich nach seinem Burn-out im Herbst 2004 neu orientiert. Er hat seine Schwäche, die eine Depression zur Folge hatte, in seinem Buch *Burn-out – In den Krallen des Raubvogels* öffentlich gemacht. Der Titel ist zu einem Standardwerk für Betroffene und Angehörige geworden. Heute arbeitet Knapp als selbständiger Verleger und ist Mitinhaber der Kommunikationsfirma chilimedia. Das Thema Burn-out begleitet ihn als Referenten aber weiterhin.

www.verlag-textwerkstatt.ch
www.chilimedia.ch

Es hat mich sehr gefreut, dass die Autoren dieses Buches mich gebeten haben, meine persönlichen Eindrücke über das für viele Menschen unvorstellbare Phänomen «Burn-out» in ein Musikstück einzupacken. Nun ist für mich der Blues geradezu prädestiniert, um eine solche «Irrfahrt» zu beschreiben. Ich habe vor drei Jahren durch die Musik und insbesondere durch den Blues meine ganz persönliche Irrfahrt beenden können. Ich wünsche allen Betroffenen, dass sie dies auch erreichen.

Sollten Sie, liebe Leserschaft, mehr von mir hören wollen, so empfehle ich Ihnen meine CD *Bärn Bluus* (CUCO CD 02) Bestellung bitte über *cuco.dietrich@hispeed.ch.*

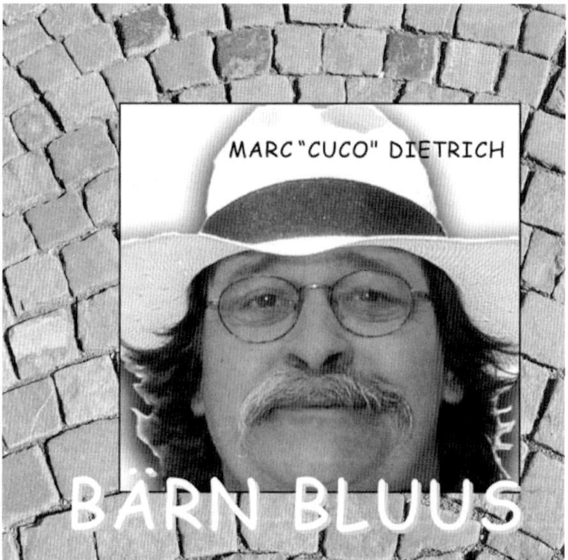

Marc Dietrich (*1948) war von 1967 bis 1981 Mitglied des Trios Peter, Sue & Marc. Es begeisterte die Fans in ganz Europa. Der Berner trat viermal am Eurovision Song Contest auf.

Börnaut-Bluus
von Marc «Cuco» Dietrich

Gsehsch emal e länge Schatte
U fragsch di, was das söll
Graui Löcher i de Matte
Statt Blueme, eifach Gröll
De hetts die ällwäg, s isch e Gruus
De hesch dr Börnaut-Bluus!

Isch es mal so toub, trüeb u dumpf
U weisch nümm, wo düre
Alles versinkt imene Sumpf
U chunnt o nümme füre
De hetts die ällwäg, s isch e Gruus
De hesch dr Börnaut-Bluus!

Us allem, wo d no hesch, schöpf Chraft
Lue füre u nie zrügg
De merksch ne uf ds Mal cho, dr Saft
U über ds Loch füehrt e Brügg
Bisch de plötzlech e Schritt voruus
O das isch dr Börnaut-Bluus!

BÜCHER AUS DEM VERLAG TEXTWERKSTATT

Setzen Sie Ruhepunkte!
Sie freuen sich bereits auf die nächste Warteschlange. Sie ziehen die Nummer und schauen auf die Anzeige: sechs Nummern vor Ihrer. Wunderbar! Genug Zeit für einen kleinen Ruhepunkt in der Poststelle. Der Erfinder des öffentlichen Ruheraums zeigt, wie Sie alltägliche Ärgernisse in Freude verwandeln und dabei ganz nebenbei Ihre persönliche Energiebalance aufbessern.

Ruhepunkte – Energiebalance im Alltag
Bernhard Brändli-Dietwyler
ISBN 978-3-905848-00-7

ZUM THEMA BURN-OUT

«Dieser persönliche Bericht rührt an, trifft einen Nerv der Zeit und ist fast so etwas wie ein Standardwerk zum Thema Burn-out geworden». (Oltner Tagblatt)

Burn-out – In den Krallen des Raubvogels
Thomas Knapp, Adrian Burki, Andreas Lüthi, Daniel Zanetti
4. Auflage, ISBN 978-3-0333-00461-0

Burn-out – Mutmacher für Chefs und Angestellte
Thomas Knapp, Niklas Baer, Andreas Lüthi, Dieter Kissling, René C. Jäggi
ISBN 978-3-9523115-0-9

Burn-out/ADHS – Ich will frei sein
Janine F., Vorwort Terry Rotherham
ISBN 978-3-9523115-1-6

ERFAHRUNGSBERICHTE

An perfekten Eltern verzweifelt
Entstehung und Heilung einer
pseudoneurotischen Schizophrenie
Rolf Baumann
ISBN 978-3-9523245-5-4

Diagnose Krebs – Das gewonnene Leben
Erika Bättig
ISBN 978-3-9523115-8-5

RATGEBER

Der Gang auf dem Lattenzaun
Die Wiederentdeckung der Sinne
Erwin Peter
ISBN 978-3-9523115-7-8

Sind Sie gut im Bett? Die unterhaltsame Schlaf-Fibel für das eigene und fremde Betten. Daniel Zanetti, ISBN 978-3-9523245-6-1

Mandala Lichtbilder. Maria Halter-von Rotz, ISBN 978-3-9523245-0-9

Mindness – Wellness
Hrsg. Institut für Arbeitsmedizin, Baden, ISBN 978-3-9523115-5-4

Im Tal der Stille. 52 Anregungen für die innere Sammlung im Alltag, Markus Marthaler, ISBN 978-3-9523245-7-8

www.verlag-textwerkstatt.ch